目　录

醉金花

姜昆

薛舒/著

文匯出版社

序

叶辛

上海多才多艺的女作家薛舒写了一本纪实型的书——《醉金花》。说薛舒多才多艺，指的是她除了会写小说，她的歌也唱得很好听，当她在上海和北京的作家联欢晚会上，放歌一曲的时候，往往会博得作家们的满堂掌声。

那么她的这一本《醉金花》，唱的是一首什么样的歌呢？

一首和我的第二故乡贵州有关的歌。

一首和贵州的酒文化有关的歌。

读者会说，怪不得取名《醉金花》，是和酒有关啊，是和“金花”有关啊！

家喻户晓的电影《五朵金花》放映半个多世纪以来，金花已经成了美丽姑娘和女性的代名词。《醉金花》既和女性有关，又和酒有关；是一本女性和酒的故事，也是一款酒的名字。

20世纪80年代，我去茅台酒厂采访，夜里住在酒厂的招待所二楼上，茅台镇上一些文友来陪我聊天，还带来了几位民营酒厂的朋友，他们带来了各自厂里生产的酒，有茅河窖，有白水曲，有怀酒，还有一款怀源酒——那个年头，国家的政策刚刚放开，允许一些有条件的民营厂家产酒，茅台镇上雨后春笋般冒出了不少酒厂，怀源窖酒厂就是1982年开办的。

三十几年过去了，当年的怀源酒，成了现在的“醉金花”，是因为周菲五姐妹，接手经营了这家酒厂，并且把这一款酒做得风生水起，朝气蓬勃，产量也一步一步跃了上去，受到了市场的欢迎，受到了喜欢品鉴白酒人士的喜爱和好评。

我在20世纪80年代的茅台峡谷，身临其境地感受过一次茅台酒的盘勾和品尝。当老酒师把一款新酒斟进透明的玻璃杯和白瓷碗中时，只见酒花渐渐平息，酒色透明泛光，酒香清雅诱人。此时品尝一下新酒，有一股清冽感。

少顷，老酒师取出一瓶陈年老酒，窖藏 20 年了，分别往白瓷碗和玻璃杯的新酒中斟入一滴酒。

真正是一滴！

奇妙的事情就在我眼前发生了。只见滴入杯中和碗里的那一滴 20 年陈老茅台，在玻璃杯和白瓷碗的新酒中渐渐弥散、融合、缔结在一起。这时候另取一杯子和碗，斟入当年新酒，我惊异地看到，斟入一滴陈年老茅台的酒，和新酒色泽上是有差异的。

品尝一下呢，斟入一滴陈年老酒的那杯酒，明显地感觉到味儿迥然不同；那一股新酒的清冽感消失了。

这就是盘勾酒的奇妙之处，这就是产自于茅台峡谷的酱香酒和他处酒的不同之处。我们说五粮液的浓香醇厚，我们说汾酒的清香爽冽，以茅台酒为代表的茅台峡谷产的酱香型酒的幽雅柔绵，细腻耐品，酒体丰满，回味悠长，成为一绝。

这就是我曾经说过的，中国白酒喝到现在，进入 21 世纪，喝进了酱香时代的依据。

“醉金花”产自于遥远的茅台峡谷，秉承于以茅台为代表的酱香型白酒的传统民族工艺，必然也会在

21 世纪的今天，做得愈来愈好。

感谢薛舒把周菲、周彬、周娴、周颖、周肖瑶五朵金花创业拼搏的故事写了出来，感谢薛舒把笔触伸进五姐妹的心灵深处，告诉了我们女子创业中心灵的震颤、感情的波澜和她们所经历的坎坷和坚忍、欢笑和眼泪。读到这些故事以后，人们在品鉴“醉金花”的时候，一定会愈加有其深长的回味罢。

感谢薛舒为“醉金花”唱了一曲贵州之歌。

是为序。

2015 年 6 月 2 日

“醉金花”的来历

说起中国白酒，人们也许首先想到的是茅台，可是很少有人知道，在出产茅台酒的贵州省仁怀市茅台镇上，有一种当地著名的酱香型白酒，那里的人们，把这种白酒美誉为——“醉金花”。

也许大家还记得电影《五朵金花》，那是发生在云南大理白族地区五个美丽女子的故事。巧合的是，“醉金花”白酒的缔造者，也是五位女子，她们来自贵州，来自爽爽的贵阳。

电影《五朵金花》中的五位白族女子，只是同民族并且同名同姓的小姐妹，她们没有血缘关系。而创造了“醉金花”的五位美丽女子，却是来自同一个家庭的五个同胞姊妹。

电影《五朵金花》是一个与爱情有关的故事，并且，这个故事是虚构的。“醉金花”的故事，更关乎“追寻”，关乎“创造”，关乎“亲情”，这个美丽的故事来源于真实生活，这个故事从头至尾弥漫着醉人的芳香，“醉金花”便是如此得名。

让我们想象一下，我们正在观看一部叫《醉金花》的电视连续剧，每晚的剧集播出时，总会有一段片头在轻盈而又婉转的主题歌声中演绎：

大型民营企业“富鑫酒业”全景，古色古香的酒道馆，高耸入云的办公大楼，每一排厂房前，都有一片宽阔的场地，场地上摊晾着高高堆起如小山般的红高粱和酒糟；光膀子的工人露出结实黝黑的肌肉，他们在晒场上围绕着高粱堆挥动铁锹翻沙，红色的高粱飞扬而起，在空中画出一道道殷色的虹。踩曲车间里，穿着对襟布衫挽着发髻的女人们踏出舞蹈般的节奏，酒香萦绕，女人们的身形因此而显示出带着熏醉气息的妖娆；巨大的基酒储藏车间，一缸缸陈年老酒排成迷宫般的瓦缸阵；整齐排列的四方形的大窖池里，高粱和酒曲正在发酵，一阵阵白色泡沫的窖潮涌向池边；蒸腾的热气中，隐隐看见车间的尽头，有几套正在工作中大型蒸馏器。镜头推向出酒口，那里，正流淌出一股如涓涓溪流般晶莹剔透的酒液，巨大的字幕从背景中推出——“醉金花”。

不不，主题歌还没有唱完，主角还没有出场，前面播放的只是环境背景音乐，接下来才是剧集的精彩开头：一辆奥迪轿车从远处飞驰而来，进入厂区，戛然停在办公大楼前。董事长周菲从车门内跨出，哇！竟是一位气质极佳的美丽女子。她并不像大多数人认为的董事长那样穿着古板，似乎，她更喜欢穿休闲装，黑底白色小碎花打底衫，米色铅笔裤，外套一件修身羊毛小开衫，米色平底鱼口鞋，中长发，戴一副无边框眼镜。她身材并不高大，甚至有些娇小，走路的步态还十分轻盈，这让她看起来显得分外年轻而有朝气。她挎着黑色皮包，信步走上办公大楼的台阶，走进大堂，来到了电梯口。

周菲董事长正在等电梯的当口，第二个女主角出场了。她甩着空空的两手进了大堂，看见电梯口的董事长，便紧跑几步上前。她的身材与周菲相当，一样的娇小，只是多了几分活泼与矫捷。她上身着一件天蓝色丝绸长款衬衣，下身穿一条黑色九分紧身裤，脚上穿一双简洁的浅灰色船型皮鞋，留一头琼瑶剧女主角的笔直长发。

周菲董事长扭头看见跑来的女子，叫了一声："三妹，你来了！"

三妹周娴一开口，说话爽朗怡人："昨晚我没回家，睡在厂里呢，上次应聘通过的一个勾兑师，约好了今天一早要来面谈。”

电梯下来了，两人正要进入，却见大堂门外飞奔而入一位女子：“大姐，等等我！”

两人回头看，原来是四妹周颖。周颖身着一件修身衬衣，白底色，撒几朵浅紫百合花，蓝色牛仔裤，黑色休闲鞋，中卷发，面目间有一股咄咄的英气，身材要比两个姐姐高大些许。

在电梯里，周菲董事长问周颖：“四妹，河南那家客户，这回要多少怀源老窖？要注意销售节奏，下半年的中秋节、国庆节，包括春节，要留一些量，几个重大节日不能断货。”

周颖点头：“放心吧大姐，我心里有数。”

六楼，电梯门开启，三姐妹步出，跨进走廊。这时，迎面走来一位身材高挑的女子，一头长波浪卷发，白皙的面庞，文静的气质，黑色及膝连衣裙，黑色系带高跟皮鞋。

三妹周娴叫起来：“二姐，这么早就来了？”

二姐周彬说：“是的，我正要找大姐呢。”说着，视线转向周菲：“大姐，上次那批照明电器质量不符合要求，我没让他们安装，直接退货了。昨天我重新预定了一批，今天发货来，这里要你签一下字。”

说着，周彬递上一张单子给大姐周菲，周菲接过单子看了看，又把单子递回给周彬：“物资部是你负责，你签字就可以。”说完，又问了一句：“小妹来了吗？等下叫她到我办公室来。”

周彬点了点头：“来了，在办公室呢，我这就去叫她。”

还没等周彬去叫，五妹周肖瑶就从走廊最尽头的办公室里探出头来：“大姐！我来了！”

白色连衣裙，白色小高跟皮鞋，一头齐肩小卷发，大眼睛，瓜子脸。年轻的五妹周肖瑶走向四位姐姐，眼睛却看着大姐：“发往湖南益阳的货，已经联系集装箱货运公司，明天发货，我知道的，这家客户潜力很大，放心吧大姐，一周内肯定能到货。”

大姐周菲点头微笑：“好，你们都辛苦了，好好干，晚上请你们吃酸汤鱼。”

大家一阵哄笑，各自向自己的办公室走去……

镜头从走廊这头一路跟进，大姐周菲走进了挂着“董事长室”牌子的门，二姐周彬走进了“物资材料部”，三姐周娴走进“人事财务部”，四妹周颖走进“销售部”，五妹周肖瑶走进“仓储物流部”。五个俏丽的身影消失在她们各自的办公室门内，只留下空无一人的走廊，闪着光亮的地板。走廊尽头的墙上，挂钟正指向“8：30”，员工上班的时间还没到，大楼六层的每一间办公室，却已开始传出电话铃声、打字声、说话声……

倘若这是一部叫《醉金花》的电视连续剧中的一个片段，倘若你是观众，你会有什么样的感觉？你会不会觉得，电视剧中的人物设置过于戏剧化了？是不是与现实有些脱节？五个女子开办一家民营企业，本就不多见，况且，她们办的是一家制造白酒的企业，这在现实世界中，简直是闻所未闻。白酒通常被认为是属于男性的消费品，五个女子做白酒，等于是让女人来做男人用品，怎么做得好？当然，作为一部电视连续剧，人物、剧情，一切都是可以虚构的。也许是编导想颠覆人们的传统观念，要让五个女性来担当创业者的角色，那就算是编导的创意吧。然而，更加令人无法相信的是，这五个共同创业的女性，竟是同父同母的同胞五姐妹，这就有些离谱了吧？看看董事长周菲，也就是大姐，那么年轻漂亮，看起来不过40多岁，四个妹妹就更年轻了。这也太小看观众了吧？难道我们不知道，现代中国，已经没有这么年轻的五个同胞姐妹的家庭了？要有也应该是七老八十的老太太，至少也要60岁以上，要不你去找找，近30年来，哪还有一连串生五个孩子的夫妻？倘若有，那也是流行“光荣妈妈”的50年代的产物，中国在70年代初就提倡计划生育了……

没错，倘若这的确是一部电视连续剧，那么观众完全有必要质疑编导的创意是否脱离现实，是否不够真实。然而，本故事并非虚构，“醉金花”并不是什么电视连续剧，而是完完全全的真实故事，真实的人，真实的经历，真实的一切。

“醉金花”的故事，是当代五朵金花的故事，是白酒世界中五姐妹的故事，是一部比电视剧更加多姿多彩的纪实故事。

让我们先来静静地品味一下五姐妹的名字吧，她们叫：周菲、周彬、周娴、周颖、周肖瑶。从她们的名字，你就能看出来，她们还很年轻，她们正是“芳菲年华”，她们“文质彬彬”、“娴静优雅”，她们还“颖脱聪慧”，甚而“悠然逍遥”。她们可不是20世纪50年代的老电影《五朵金花》里的女主角，她们是21世纪的时尚女性。

毫不夸张地说，这五朵金花，每一个都是美人胚子，她们的父母真是给她们起对了名字。也许是“爽爽的贵阳”让五姐妹自打出生起就拥有了滋养容颜的怡人气候和环境条件，也许是茅台镇适宜酿酒的水，以及茅台镇的酒香，让她们本就靓丽的形象更增添了馥郁和醇厚，她们便把自己孕育得如此丰富而又透亮，圆润而又清纯，如同一杯白酒，看起来无色透明，香气却早已萦绕，醉，亦是在悄然之中，轻轻地浸润与渗透。

没错，当五姐妹聚在一起的时候，就是这样一幅画面，张扬与内敛兼具，美丽与智慧并存。那是一幅很美很美的风景画，倘若你看见，你一定会赞叹起来，原来五个女子组成的一幅画，是可以如同美酒佳酿一样迷人和醉人的。

贵阳是一个出美女的地方，这说法可不是空口无凭。孙楠有一首歌就叫《爽爽的贵阳》，歌中这么唱道：

我背着装满渴望的行囊
寻觅抛开暑尘的地方
今天与你相遇
眼里释放惊喜的光芒
远去了，浑浊的天空
远去了，难熬的热浪
环城森林涌来缕缕清新
黔灵山风吹过阵阵阴凉
绿绿的贵阳
爽爽的贵阳
感受着你的气息
我醉倒在惬意的天堂

我背着装满向往的行囊
寻觅抖落风霜的地方
今天与你相拥
心儿奏出轻松的乐章
远去了，纷繁的琐事
远去了，莫名的惆怅
甲秀楼上数点欢跳的星星
花溪河里捧起欢乐的月亮
和和的贵阳
爽爽的贵阳
徜徉在你的怀里
我回到了童年的时光

这首歌唱的就是有着“中国避暑之都”称号的贵阳。那是一座“山中有城，城中有山，绿带环绕，森林围城，城在林中，林在城中”的具有高原特色的现代化城市，享有“森林之城，休闲胜地”的美名。按照排名，中国“十佳”避暑旅游城市分别是：贵阳、昆明、承德、大连、呼和浩特、六盘水、兰州、台中(阿里山)、太原、青岛。而贵阳，是连续三年在“中国避暑旅游城市排行榜”中排名居首的城市。贵阳的自然环境和气候条件，就是这样“上好佳”：温度适宜、湿度适中、水质优良、风速有利、空气清洁、紫外线辐射低、海拔高度适宜、夏季低耗能……也许，这就是为什么我们的五朵金花出落得如此美丽的原因。

贵阳是一个出美女的地方，茅台又是一个出好酒的地方，两相结合，“醉金花”便是名副其实的“美酒与美人”的经典之作。在大姐周菲的带领下，五姐妹在男人专属的白酒世界中蹚开了一条阳关大道，撑起了一片艳阳晴空，成就了今日酱香白酒行业中新兴的翘楚。

看看周家五姐妹酿造的白酒获得的那些荣誉吧，真可谓数不胜数：被誉为“赤水河畔二茅台”的怀源老窖，在1987年就获得“贵州省白酒类评比竞赛金盅奖”，怀源窖酒在“部优白酒评选会”上获奖……

然而，美女与美酒的结合，却并非一帆风顺。从接手茅台镇那爿创始于1982年的怀源酒厂，到如今在贵阳市乌当区火石坡工业园区的新厂；从一家濒临破产的近乎可以叫作白酒作坊的私营小企业，到如今占地近百亩，拥有国内最先进的全自动流水包装线，年生产能力5000吨，固定资产2亿元的新兴白酒企业。周家五姐妹白手起家，用了30年时间，让她们的人生和创业故事，成为白酒界的一部新传奇。

酿酒盛典

在讲述贵阳五姐妹与她们的传奇故事之前，让我们先来了解一下“酱香型”白酒的来历，以及“茅台镇酱香酒”独一无二的酿造技艺。

中国白酒的分类有许多种，最常见的就是按照白酒的主体香气成分特征分类，大致可分为：酱香型、浓香型、清香型、米香型、凤香型、兼香型、特香型、药香型、豉香型、芝麻香型等。

酱香型白酒的发酵工艺最为复杂，其中最具代表性的就是茅台酒。贵州仁怀市茅台镇上，有着无数家酒厂，倘若到了那里，你会在空气中闻到一股股醉人的酒香。这是一个名副其实的“酒镇”，也许是这里的水质、气温、湿度等自然条件造就了某种特殊的综合环境，茅台镇上出产的白酒，无一例外都是酱香型白酒。我们的“醉金花”，又是酱香型白酒的后起之秀，如今，它已经是酱香酒中绽放得极为美丽的一棵花树。

据传，远古时赤水河畔的土著居民——濮人，已善于酿酒，比杜康还早。而更为确切的是，《史记》有记载，汉朝时期，如今的仁怀一带已经有了“枸酱酒”，可以说，这就是酱香型白酒的雏形。

公元前135年，汉武帝刘彻使臣唐蒙出使南越（今广州），在南越王的宴席上，唐蒙尝到了仁怀地区产的枸酱酒。为了取悦汉武帝，唐蒙绕道鳛（xí）部，即现在的仁怀一带，带上枸酱酒，回去献给汉武帝。武帝饮后，觉得甘美异常，赞其“甘美之”，故有“唐蒙饮枸酱而使西域”之说。到公元前130年，唐蒙奉旨赴夜郎，因为念想着仁怀的枸酱酒，竟改道出符关（今四川省合江县南），沿赤水河而上，奔鳛部而来。

清仁怀诗人陈晋熙有诗为证：“尤物移入付酒杯，荔枝滩上瘴烟开。汉家枸酱知何物？赚得唐蒙鳛部来。”清代大诗人郑珍也有：“橡蚕不自乌江渡，枸酱还从鳛部来。”这些都证实了早在汉朝以前，仁怀已盛产美酒。

到了唐宋，仁怀一带已经成为有名的酒乡，酿酒之风遍及民间。茅台镇上酿制的优质大曲酒“风曲法酒”尤为盛行，因为这种酒质量佳美，被载入宋人张能臣的《酒名记》中。到了清朝，茅台镇上的酒业发展得愈加兴旺了，有“茅台烧房不下二十家，所费山粮不下二万石”，以及“仁怀城西茅台村酿酒全省称第一”的记载。茅台烧、茅台春、茅台烧春、茅春等酒名声鹊起，获得“酒冠黔人国”、“风来隔壁三家醉，雨后开瓶十里香”的赞誉。

茅台酒是酱香型白酒的经典之作，事实上，“茅台酒”的确切概念，可以理解为“茅台型酱香酒”。也就是说，必须是茅台镇上生产的，必须按照该类白酒专门的、严格的工艺流程生产出来的，此所谓真正的“茅台型酱香酒”。

“茅台酒”的生产工艺，可以说，是我国白酒工艺的活化石。一次出酒，需要整整一年时间，在这一年中，要将粮食中的淀粉不断发酵，经过多次蒸煮，慢慢“逼出”其中的酒精和其他有机物，这是酱香酒与其他白酒最大的不同。事实上，一瓶地道的茅台型酱香酒的生产周期，甚至需要 5 年以上，完整的生产过程，大致可以概括为七个环节：“端午踩曲”、“重阳下沙”、“九次蒸煮”、“七次取酒”、“盘勾封坛”、“勾兑调味”、“装灌入市”。

酿酒的第一步是——制曲。每年端午后，酒师们开始制造曲药。曲药以小麦为原料，先要将小麦粉碎，加入水和“母曲”搅拌，放在木盒子里，工人站在盒子里用脚不停地踩。刚入行的工人大多不能忍受这高强度的踩曲工作，踩两天腿就疼得下不了台阶。而熟练的制曲工，却可以把踩曲干得风生水起，正当好年华的妇女挽起裤腿，露出纺锤型结实而漂亮的小腿，或者是精壮的小伙子，赤裸着热汗淋漓的黝黑背脊，不管是妇女还是小伙子，他们脚下的踩点一定会带起整个身心的律动，那情形，那状态，简直是一部美轮美奂的原生态民族舞。

因为制曲时间是在夏天，制曲车间里的温度通常高达 40℃。高温有利于微生物的生长，这些微生物混入曲块中，分泌出大量的酶，使淀粉、蛋白质等加速转化为糖分。每到夏天，制曲车间的门上爬满了一层名为“曲蚊”的小虫，一张口，甚至能吸进几只。制曲，需要的就是这样的微生物环境。

小麦经过“踩曲”做成的“曲块”，用谷草包起来，进行“装仓”。大约 10 天后再进行“翻仓”，就是上下翻转曲块，让每一面都充分接触微生物。一般要进行两次翻仓。再过 30 ~ 40 天，曲块就可以出仓了，但还需存储 40 天以上，才可以使用。在使用之前，要将曲块“切碎”，越碎越好。经过此番工序，生产一块合格的酒曲，至少要 3 ~ 5 个月。

酒曲制好的季节，已是仲秋重阳，此时，才开始第二个关键步骤——“重阳下沙”。“沙”就是指制酒的主料——高粱，高粱是茅台型酱香酒的核心。因为本地产的高粱细小而色红，所以称为“沙”。“下沙”，就是投放高粱。茅台型酱香酒的用料极为讲究，一定要用本地产的高粱。这种高粱被称为糯高粱，粒小，皮薄，淀粉含量高，经得起多次蒸煮。外地高粱一般取到第五次酒后就被榨干了，只有本地高粱才能完成七次取酒。

在制酒中，因所下的“沙”完整度不同，产出的酒也不同。投入比较完整的高粱，产的酒为“坤（当地方言音）沙酒”；用磨碎的高粱产出的酒，名为“碎沙酒”；用九次蒸煮后的酒糟再加入一些新高粱和新曲药产出的酒，为“翻沙酒”。因此，“下沙”的原料十分关键。而茅台型酱香酒最著名的“回沙”工艺，即是指将高粱多次蒸煮出酒，而不是一次榨光酒分。

下沙的第一步是“润沙”，即用 100℃左右的开水清洗几遍，不仅洗去渣滓，还可以让高粱吸水。然后将高粱上甑蒸煮，大约两个小时。然后再散在地上“摊凉”，由酒工用铲子不停地翻开，温度降至35℃左右开始加曲。一甑高粱大约需要750千克，第一次加入约110千克左右的酒曲。高粱与酒曲的总体比例为1 ：1，但是酒曲必须要分九次加入，每次加的数量都不一样，平均为高粱的10%上下。第一次加曲搅拌后要进行“收堆”发酵，即将酒糟堆成一个2米多高的圆锥。发酵时间需要依据温度灵活掌握，酿酒师把手插进堆子，依据烫手的程度进行判断。堆子的内部先开始发热，然后传递到外面，这期间酒糟充分吸纳外围空气中的微生物。茅台型酱香酒讲究高温发酵，一般外层温度达到五六十摄氏度才结束这一环节。

第一次发酵完成后，把酒曲铲入窖坑进行封存——进入“窖期”。窖坑有3 ~ 4米深，能装15 ~ 20甑酒糟。与浓香型酒不同，酱香酒的窖坑是用石块砌成墙壁而不是用泥土，否则酱味就不浓了。窖坑要用本地黄泥封住，不能透气，在窖期中要经常检查，时常洒点水，防止干裂进气。大概一个月后，窖坑打开，开始“二次投料”，即按照 1 ∶ 1 的比例，加入新的高粱，继续上甑蒸煮。摊凉后加入曲药，收堆发酵，然后重新下窖。前两次蒸煮原料都不取酒，只为增加发酵时间，裹挟更多微生物。再过一个月左右的窖期，开始第三次蒸煮。

12 月到第二年的 1 月，开始进行第一次取酒。之后再对酒糟进行摊凉、加曲、收堆、下窖等流程。如此周而复始，每月一次，直至第七次酒取完，正好是 8 月，酒厂才开始“丢糟”。

第三至第五次出的酒最好，称为“大回酒”，第六次出的酒为“小回酒”，第七次出的酒为“追糟酒”。其中三、四、五次出的酒口感最佳，一、二次出的酒酸涩辛辣，最后一次发焦发苦。但是每一次出的酒都有不可替代的用处，真正好喝的酒，必须是由这些不同批次的酒勾兑出来的。调酒大师以“酱味”、“醇甜”和“窖底”三种酒体来归纳和区分不同批次的酒，三种不同的酒体，保障了茅台型酱香酒的稳定性，使勾兑有了依据的基础。

新酒产生后要装入陶土酒坛中封存，形成“基酒”。第一年进行“盘勾”，就是按照酱味、醇甜、窖底三种味道进行合并同类项，然后再存放三年。三年后，按照酒体要求进行“勾兑”，即用几种基酒甚至几十种基酒，按照不同的比例勾兑出一种酒，形成一定的口味、口感和香气效果。

勾兑，是酿酒过程中最神秘的工序，勾酒师凭借自己的味觉进行搭配，把不同轮次的酒调在一起，寻找味道之间的平衡与层次感。从原理上说，勾兑就是调节酒中的酸酯平衡，但是没有仪器可以代替人的舌头，最终的口感，全靠勾兑师。

勾兑完成后，最后一项工作是“调味”，调味的时候要加“调味酒”。调味酒是酒厂用特殊工艺生产出来的，这是各家酒厂的核心机密。调味酒的味道比较特殊，每次只添加少量。勾兑、调味完成后，还要继续存放半年到一年，等待醇化和老熟后才进行灌装，进入市场。

如此，一瓶茅台型酱香酒，必定是要经过五年的酝酿和成长，才得以与消费者见面。可见，“茅台型酱香酒”的酿造有多么复杂和隆重，对于茅台镇上的酿酒人来说，那近似于一场图腾盛典，是随着他们身上的血液流淌出来的一种生命状态。

茅台型酱香酒复杂和特殊到近乎苛刻的工艺流程，注定了酒的产量不可能很高，所以，这类酒就更显珍贵。它的每一次出酒，都是“限量版”，但凡称得上“限量版”的商品，对于消费者而言，都可谓是“奢侈品”，一般人，就很难品尝到这种列属于奢侈品的酒了。然而，五朵金花的理念却有所不同，她们在保证白酒绝对正宗的生产工艺和酒品质量的基础上，降低利润，让平民百姓也能消费得起这种近似于奢侈品的白酒。这也是五朵金花以及她们酿造的白酒之所以深得人心的原因。

酿酒家世

关于茅台酒的酿造历史，从来都是众说纷纭，有记载的历史是这么说的：茅台酒之沿革及制造，在清咸丰(1851-1861)以前，有山西某盐商，来茅台地方，仿照汾酒制法，用小麦为曲药，以高粱为原料，酿造一种烧酒。后经陕西盐商宋某、毛某先后改良制法，以茅台为名，特称曰茅台酒。后又有记载：……黔中业盐者，多为秦晋商人，……当时盐商由山西雇来酿酒技工，仿汾酒酿造方法，设厂酿酒，用以自奉，并不外售。至清咸丰年间，因秦晋商人歇业还乡，即将所设盐号，及茅台酒厂，售予本省先贤华桎坞先生继续经营，沿用“成义”酒坊名称，即简称“华茅”。

除了这样的记载，还有更多曲曲折折的民间传说，似乎总喜欢把贵州茅台酒往杏花村汾酒身上扯。比如有一种说法：因为古汉语“华”“花”相通，所以，无论是传说中“杏花茅台”的“花茅”，还是华家“成义”酒坊的“华茅”，最后都被称为了——“华茅”，这便是我国最早的茅台型酱香酒。如此这般，似乎都在设法证明茅台酒的源头是山西汾酒。但事实上，茅台酒的酿造可以追溯到三千多年前，可以说，茅台酒酿造历史之悠久，酿造文化之深远，完全与汾酒不相上下，那些硬要往汾酒身上扯的传说，也许多是有着商人的炒作之嫌。然而，中华大地广袤丰饶，不同地域之间的文化，亦是在相互影响和相互学习中发展和传承下来的。所以，酒与酒之间，也是未免取长补短，无论是茅台酒还是汾酒，都是中华民族的酒中瑰宝，它们之间也许有着相互的继承和发扬，更有着自己的创造与突破，它们无疑都是中华酒文化源远流长的历史中留下来的宝贵财富。

前面提到“华茅”，那么“华茅”与五朵金花以及醉金花的白酒之间，又有什么关系呢？这还得继续慢慢道来。

19 世纪末，有一位叫朱齐德的江西人士，因长期在南方做生意，经常过着与家眷聚少离多的生活。因为朱齐德在贵州一带的生意做得十分顺畅，也做到了一定规模，于是干脆决定举家迁徙到贵阳定居。

朱齐德告别故乡，携老带少，从江西出发，一路千里迢迢向西南而去。那时候的交通条件远不如当今，除了用马车、驴车装载家私货物，大部分时候，人们只能靠步行赶路。朱家老少每日从清晨出发，行至傍晚，找一家客栈借宿，第二日清晨即起，继续前行。

一日，朱家人从早晨走至烈日当空的正午时分，老少都已饥渴乏累。朱齐德安顿家人在路边的一处树林里将歇片刻，准备以干粮当午饭，吃了再走。一家人正分吃干粮，忽闻有呻吟之声隐约传来，再听，却又像是有人在呜咽，屏声静气地听，却什么声音也没有了。可是片刻以后，又像呻吟又像呜咽的声音又断断续续传来。就这样，朱家人的一餐简易午饭，总是被不知出自何处的呻吟声打断。朱齐德放下干粮，站起来四顾周遭，却并不见有任何异样情况发生，细听那声音，好像是从树林深处传来。朱齐德就对随行的家丁说："我听着怎么像是有人在哭？你去四处查看一下，小心一点。"

家丁应声朝树林深处而去，循着发出声音的方向搜寻许久，终于发现一棵大树下的杂草丛中，躺着一位满脸肮脏、衣衫褴褛的男子。家丁大声呼唤："老爷，快来看，这里有人。"

朱齐德赶紧跑去，弯身查看，发现那躺在荒草丛中的男子，面色惨白，嘴唇干裂，看起来就像一个奄奄一息的病人。家丁问他：“你是谁？怎么躺在这里？”这男子却只是睁了睁眼，连一句囫囵话都说不出来，只启了一下嘴唇，吐出一个字：“饿。”

朱齐德回身对紧跟过来的朱夫人说：“看来这人已许久没有进食，饿得不轻。”

朱夫人立即吩咐家丁：“快把咱家带的干粮和水匀出一份，给这人吃下去。对了，先不要急着喂干粮，先让他喝几口水……”朱夫人素来吃斋念佛，见到一个快要饿死的人，怎么可能袖手旁观？

家丁很快把粮水送到男子嘴边，那男子只是闭着眼睛，启开干裂的嘴唇。几口水喝下去，他才抬起眼皮，忽然，他发现眼前有一个白面馒头，晦暗的目光顿时亮了一亮。男子随即挣扎着坐起身，接过馒头，大口吞咽起来……

吃了馒头，又喝了水，一个时辰后，男子慢慢回过神来。朱齐德便询问道：“我看你年纪尚轻，为何落得如此地步？你家住何方？去往哪里？这是去投亲还是去访友？”

男子被问及身世，霎时一脸哀伤，沉默了片刻，似是在克制悲伤的情绪，而后，才戚戚然道出真情：“我叫李晋生，山西杏花村人，因家乡连年灾荒，家里的亲人，有的饿死，有的病死，实在是无以继日，我就只能出来逃荒，靠着讨饭度日。行至此地，已多日米水未进，走投无路了……”说罢，悲从中来，竟哽咽不止，再问，也说不出个所以然。

朱齐德便招呼全家老少，准备起身上路。可是，菩萨心肠的朱夫人却怎么都迈不开腿，看着男子虚弱无助地躺在荒草丛里的样子，她无论如何放不下心来，于是把老爷拉到一边商议：“老爷，你看，我们是不是带上这人一起走？虽说多一张嘴，但岂不也多一个帮手？”

朱齐德也是个出了名的大善人，当即同意了夫人的建议，于是问李晋生：“我看，你就这样讨饭逃荒也不是个办法，外面兵荒马乱的，不如跟我们一起走吧，路上也好有个帮衬，你看如何？”

李晋生不曾想到会遇上这样的大好人，当即叩头谢恩，挣扎着站起身，跟随着朱家人上了路。当晚借宿客栈，朱齐德让家丁拿出随身携带的衣物送给李晋生，让他好好洗漱一下，换上衣裳。

李晋生把自己打理干净了，换了衣服，来到朱齐德和夫人跟前。朱夫人一看，不禁惊叹道："看看这是谁啊？胡茬刮干净了，脸也洗干净了，原来是个英俊的小伙子呢！"

李晋生抿嘴一笑，脸都红了。朱齐德与夫人更是相视而笑。晌午时分还像乞丐的李晋生，此刻看起来，竟是个长得一表人才的青年。

就这样，李晋生跟随着朱家人向贵阳而去。途中，李晋生渐渐恢复了体力，便帮着照顾朱家老少，生火做饭，挑担推车，样样活儿干得勤快利索。朱齐德看在眼里，喜在心头。到了贵阳，朱齐德安顿家人落了户，李晋生自然也就被留在了朱家，成了朱家的人。

在朱家生活了一段日子，李晋生渐渐透露出，他本来在老家山西杏花村干的是酿酒师的营生。这些年，因为连年灾荒，百姓连饭都吃不饱，哪还有余粮酿酒？即使有一身的酿酒绝技，亦是无有用武之地啊！

杏花村可是出汾酒的地方，朱齐德得知李晋生竟是身怀绝技的酿酒师，并且看他平素亦是勤劳能干，便更是看重了他，几乎把他当成了干儿子来对待。

其时，朱齐德因生意的缘由，常与茅台镇上的造酒烧房之间有往来，其中与成义烧房的华家私交尤其好。朱齐德平素就喜欢小酌几杯，他酷爱茅台酒，甚至是热衷于喝茅台酒，对华家的茅台酒，朱齐德亦是竭尽全力地在生意场上推广和营销，也可以说，茅台酒的经营，占了朱齐德生意的很大份额。

那一年，朱家有女初长成，华家也有一个正值年少的公子。朱齐德与华家老爷，一个是贵阳商界名流，一个是茅台烧酒坊主，自然是门当户对。两家本来就是世交，结下这门亲，那更是亲上加亲。双方都对这门亲事非常满意，一拍即合，于是邀了媒人，走了程序，择吉日预备婚事。

朱齐德是个有身份的人，嫁女自然要准备像模像样的陪嫁，金银首饰不稀罕，家私田亩亦平常，一般的嫁妆，对朱齐德来说，都不在话下。他心里想的是另一个主意，因着对茅台酒的酷爱，也因着惜才、爱才的心，他想乘着嫁女，把李晋生也安置妥帖。李晋生是酿酒师，华家是造酒之家，若是把晋生送去华家，他的一手酿酒绝技就不会白白废了，对华家而言，岂不也多了一个得力的酿酒师？

得知朱齐德要把他的干儿子一起“嫁”来华家，

那位干儿子，还是个来自山西杏花村的酿酒师，华家老爷简直喜出望外。这可比任何陪嫁都要值当啊！对于成义烧房来说，要想引进一名酿酒师，费多少银两都很难找，朱家却要把李晋生送给华家，岂不是“踏破铁鞋无觅处，得来全不费工夫”？

就这样，来自山西杏花村的酿酒师李晋生，跟着朱家小姐，一起“嫁”到了茅台镇上开白酒烧房的华家。虽然李晋生是作为陪嫁送予华家的，但华家对待李晋生，却与朱家一样，不是亲生儿子，胜似亲生儿子。

李晋生到得华家，就在成义烧房当上了一名酿酒师，他的一手正宗杏花村酿酒技艺，从此有了用武之地。因为李晋生的加盟，华家烧制白酒的技艺，融入了汾酒古老成熟的技术手法，烧制出来的白酒，口感和品质也更加上乘精美了。

故事讲到这里，让我们再来重新梳理一下茅台酒的历史脉络吧：

1784 年（清乾隆四十九年），茅台“偈盛”酒号正式取名为茅台酒。

清末至民国，相继有“成义”、“荣和”、“恒心”烧房出现，继承和发扬了源远流长的传统工艺，形成了一定规模的生产能力。

1915 年，“成义”、“荣和”两家酒坊均送出产品参加了美国旧金山举办的巴拿马万国博览会，以其精美绝伦的品质冠盖群芳，一举夺得金奖，与苏格兰威士忌、科涅克白兰地同列为世界三大（蒸馏）名酒。

至此，茅台酒的发展到了一个新的高峰，畅销海内外，还拥有“国酒”的美誉！可见酱香型白酒其独有的品质是多么高贵！

100 年前，贵州的茅台白酒就已享誉世界。可是关于在巴拿马万国博览会上获得殊荣的那款茅台酒的来历，仁怀地区的民间传说，却是更加朴素而接地气，但也是众说纷纭，不一而足。

话说当年，茅台镇上有三户人家——华家、王家和赖家，这三户人家，开出了著名的“成义”、“荣和”和“恒心”烧房。后来在巴拿马万国博览会上获得金奖的茅台酒，正是华家和王家送出去的。也就是说，当年获得金奖的茅台酒，追溯起来，应该出自华家或者王家的烧房。可是，获奖的究竟是华家的茅台酒，还是王家的茅台酒？直至如今，人们依然争执不下，并无定论。

也许我们无法考证，当年得金奖的茅台酒，究竟是来自华家还是王家？我们也无法确知，华家的茅台酒，是否就是那位来自山西杏花村的酿酒师李晋生一手酿造。然而，我们可以确定地知道，那位在逃难途中被朱齐德一家救下性命来的杏花村酿酒师，对华家茅台酒品质的提升起到了极其关键的作用，并且，李晋生的后半生，正是在烧制出著名的茅台酒的华家成义烧房度过的。

那么，茅台镇上的华家，以及那位从山西杏花村来的酿酒师李晋生，究竟和如今的五朵金花有什么关系？好吧，现在让我们来揭晓谜底。

前文已经说过，朱齐德与夫人携儿带女从江西一路赴贵阳途中，拣到了一个来自山西杏花村的干儿子。这朱齐德夫妇，育有多个子女，其中一女名叫朱桓芳，嫁了茅台镇上的华家；另一女朱莲芳，嫁了贵阳城里一户有名望的人家——肖家。肖家长子肖培恕与朱莲芳结为夫妇后，亦是育有子女多个，其中一女名为肖开瑜。

1963 年，肖开瑜与贵阳当地人周荣坤结为夫妇，生下五女，分别叫：周菲、周彬、周娴、周颖、周肖瑶。

这五个女子，正是“醉金花”的缔造者——周家五姐妹。也就是说，朱齐德，是五朵金花的太外公（外婆的父亲），嫁给华家的那位朱家大小姐，是五朵金花的姨婆（外婆的姐妹）。

这么一说，此中的关系应该明了，也就是说，五朵金花的太外公，正是杏花村酿酒师李晋生与华家茅台酒之间的牵线搭桥人，也叫联姻者……听起来有点拗口，似乎挺搞脑子，不过，有一点非常明确，那就是，五朵金花的祖上与茅台酒之间，可以说，有着源远流长的关系。

当年，五朵金花的太外公朱齐德为人真诚、善于经营，移居贵阳之后，生意也是越做越好，朱家从一个外来户，很快发展成为贵阳城里有名的大户人家。晚年的朱齐德夫妇，过着富足丰盈、子孙绕膝的生活。周家五姐妹，自然也是朱齐德的后辈子孙，虽然那是过往三代之前的故事，往事也早已烟消云散，但五姐妹的外婆家老辈亲戚却还记得那段传奇般的故事。当老辈亲戚们得知五姐妹做起了酒业，顿时醍醐灌顶，恍然大悟，有的说你们家开酒厂就对头了，你们祖上就和酒有缘分。

也有的说你们的祖上救了酿酒师一命，还把酿酒师送到茅台镇上的华家，那可是积大德的事，所以你们子孙后代得到回报了。

还有的说这是命中注定的，你们家和酒的关系，世世代代都割不断，所以你们肯定会做得越来越兴旺。

最有意思的一种说法是：五个女子做白酒，这就更加对头了，听说你们祖上做白酒时，有一个绝密配方，酿酒的时候要加益母草。这不，你们祖上做的白酒，就很适合女人喝，所以现在由你们五姐妹做，不是更合适？

对于老辈亲戚们的说法，大姐周菲心存感激，她们五姐妹既为祖上做下的善事感觉骄傲，又为自己的选择感到欣慰。有关祖上酿酒加益母草的说法，周菲也表示认同。益母草有活血、祛淤、调经、消水作用，主治妇女病，益母草还含有多种微量元素，比如硒，有增强免疫细胞活力，缓和动脉粥样硬化之发生，以及提高肌体防御疾病功能体系的作用；比如锰，能抗氧化，防衰老，抗疲劳及抑制癌细胞的增生。所以，益母草还能益颜美容，抗衰防老。至于她们的白酒在酿造过程中，是如何加益母草的？那当然是独家秘方。不过，这倒真是应了老辈亲戚们的说法，这种对女性有滋养作用的白酒，独此一家，现在由五个女子来做，岂不是相得益彰？

周菲说："好像，我们家和酒真的很有缘分，说起来，我中学的班主任王老师，与华家大小姐还是姑嫂关系，那时候王老师经常带我去她家玩，我就认识了她的哥嫂，时间久了，我和王老师的哥哥、嫂子都成了忘年交。中学毕业后，我还常去他们家玩，现在还有联络。不过那时候，我们谁都不会想到，日后我会做白酒这一行。不久前，我去探望过一次王老师，她哥哥已经去世，我见到了她嫂子华老太太，她听说我在做酒，很高兴，说这就叫缘分，说我和她有缘分。这的确有点意思，我觉得很奇妙。所以说，承蒙祖上积下的善德，大概，这就是前人栽树后人乘凉的意思吧！"

周菲的话语中，充满了对前辈以及老师的感激之情。选择做酱香白酒这一行，虽然并非祖上的嘱托和传承，周家五姐妹与茅台镇白酒之间的关系也并非必然，她们进入酒业界，也许只是某种机缘巧合，但她们依然感恩于前辈与师长，因为，是他们赋予了五姐妹特有的审美趣味和文艺特质。这种特质，让她们在“醉金花”的品质定位上，更趋于文化艺术气质，而非纯粹物质化的白酒。

酒是一种饮品，酒更是一种文化；酒是一种物质，酒更是一种精神。

自从接手茅台镇上的怀源酒厂，周菲一头钻入酿酒行业，把一家小小的民营白酒企业，做成酒业中的贵州知名企业。现在，五朵金花除了拥有茅台镇上的怀源酒厂之外，还在贵阳城郊建起了一座更大的厂区，她们的公司——富鑫酒业集团公司，就在新厂区驻扎。“醉金花”，也在茅台型酱香酒的世界中，开放得日渐绚丽起来。

一花一世界

正如老辈亲戚们所预言的那样，周家五姐妹似乎真的与酒有缘。大姐周菲首先投入开创“富鑫酒业”，随着产业的发展，她把四个妹妹一个个召回家，姐妹们携手共创一份家族产业，富鑫酒业也因此越来越扎实、越来越兴旺起来。

贵阳市乌当区火石坡工业园区，有一片偌大的厂区，厂门口矗立着一栋飞檐雕壁、古色古香的三层楼阁，楼阁的门楣上挂着一块大匾，上书“酒道馆”。楼阁门前，有一棵绿叶葱茏的参天古树，据说，那是一棵有着七八百年树龄的金弹子树。金弹子树正对着厂门另一边的主楼，七层大楼外壁上，是四个遒劲有力的大字——“富鑫酒业”，落款是姜昆。这就是五朵金花在贵阳新建的厂区，这里的主要工作，是酱香酒酿造的七个环节中最后一环——装灌、包装、出厂、入市。

至于“醉金花”的生产基地，不言而喻，依然是在神秘的茅台镇上。

没错，为富鑫酒业留下书法墨宝的，正是著名的相声表演艺术家姜昆。说起姜昆与“醉金花”的关系，还要追溯到20世纪80年代。

百废待兴、万物复苏的1982年，茅台镇上开出了一爿民营制酒厂——怀源酒厂，厂主姓丁。在一次朋友聚会中，丁厂长认识了著名的相声演员姜昆。丁厂长是一名忠实的相声爱好者，也是姜昆的铁杆粉丝，巧合的是，丁厂长竟与姜昆同年同月出生。那时候的姜昆，虽然在全国各地已是声名鹊起，但他是一个讲义气、重情义的人，在丁厂长的请求下，亦是为了支持与他同年同月出生的丁厂长创办民营企业，他欣然答应担任怀源酒厂的名誉厂长。就这样，已是知名演员的姜昆，与怀源酒厂建立起了渊源深厚的情谊。

那时节，五朵金花中的大姐周菲，还是一个花季少女，那时候的周家姐妹，还在她们父亲严厉甚而严酷的教养之下，悄悄地做着她们的青春梦。她们无论如何不会想到，多年以后，她们会从丁厂长的手里接过这爿酒厂，并且，她们同样找到了已是相声大师的姜昆，当提出请他为“富鑫酒业”进驻怀源酒厂题词时，姜昆爽快正直的性格依然如故，欣然答应了周菲姐妹的请求，为她们题了四个大字——“富鑫酒业”。

30 年后的今天，姜昆书写的这散发着金色光芒的四个大字高高地挂在她们酒厂的主楼外墙上，站在千米之外的公路上都能看见。周菲姐妹的生活、事业，以及她们的命运，从此，也与“酒”亲密而不可分割。而如今的姜昆依然一如既往地支持和关心着富鑫酒业。

然而，在丁厂长创办起怀源酒厂的年代，周菲姐妹们，最大的也不过是 18 岁的少女，最小的，还只是 5 岁的孩童。那时候，与周爸爸、周妈妈同龄的夫妇，多者生 3 胎，少则独生子女的也有，生有 5 个孩子的人家，少之又少。这也让如今的周家五姐妹，成了同龄人中拥有这么多同胞姐妹的特例。

想当年，从出生于 1964 年的大姐周菲，到 1977 年出生的小妹周肖瑶，五姐妹三年一开花，先后来到了世间。家中开着五朵鲜花，军人出身的父亲周荣坤，对孩子们的管教自然是极其严格。他是一位传统型父亲，略带一些大男子主义作风，在他眼里，女孩子既要养得文雅安静、知书达理，又要克己勤勉、善良贤惠，这样的女孩，才是有教养的大家闺秀。所以，父亲对五个女儿的教育，简直可以用“严酷”来形容，他像管理一支女兵部队一样管理他的女儿，家里家外一切行事，都有着铁一样的纪律。

如今的周家五姐妹，可以说是当今白酒界名副其实的“五朵金花”。在大姐周菲的召集带领下，年轻的五朵金花共同创业，共同经营着她们的富鑫酒业，组成了富鑫酒业的董事会。大姐周菲当仁不让是董事长，她是富鑫酒业的掌舵者，是五姐妹的领头羊。酒厂的日常管理工作由五姐妹共同分担，大姐周菲根据四个妹妹不同的性格和特长，分派给她们不同的工作，专事担负起各个领域的职责。她们果真如同一支女兵部队一样，战斗在男人专属的酒业界中，同甘共苦，同心同德，富鑫酒业，便也拥有了一支得天独厚的管理团队。

当五朵金花一起出席酒业界会议，或者一起参加她们富鑫酒业每年一度的封坛典礼，青春靓丽的五姐妹一经出现，毋庸置疑，便成为现场一道美得令人近乎眩晕的风景。人们不禁要感叹：一家民营企业的董事全部是女性的很少见，全部女性都来自同一个家族，并且是同胞姐妹的，更是独此一家。

几乎所有人都会有这样的感慨：她们的父母一定感到非常骄傲，一口气生下五姐妹，可真是他们的福气啊！

佛曰：一花一世界，一木一浮生，一草一天堂，一叶一如来，一沙一极乐，一方一净土，一笑一尘缘，一念一清静。

此中的意思是，一粒沙可见三千大世界，人可以修出百千万化身。每个人都是一朵花，每朵花都有自己的世界；每个人都是一片叶，每片叶都有自己的绿意。从一朵花中便能悟出整个世界，心若无物就可以一花一世界，一草一天堂。参透这些，一花一草便是整个世界，而整个世界也便犹如花草。这一切，是一种境界，一种心境。

佛的箴言，恰如映照出周家五姐妹的境遇，她们虽然出生于同一个家庭，成长环境亦是相似，如今她们五个人五双手，共同为她们的富鑫酒业全身心努力着，可以说，她们的职业环境也是相同的。然而，哪怕是一棵树上开出的五朵花，也依然是五朵不同的花。这五朵花，开放得同样美丽，却又姿态各异，她们的头顶上，有着属于自己的一片天空，她们的心里，有一个属于自己的世界，她们的梦想和追求，乃至性格、脾气，都是那样迥然不同。“一花一世界”，也正是对她们最好的写照。

• 金花档案Ⅰ：

周菲，白羊座。
最喜欢的花：兰花。
最喜欢的颜色：天空的颜色。
最热衷的业余爱好：静静地做一件事，没有人打扰。比如喝茶，打扫卫生，把房间装饰成自己喜欢的样子。
认为自己最大的优点：善解人意，能站在对方的角度考虑问题。
认为自己最大的缺点：做事不会考虑太多，独断。
最喜欢哪个地方（城市）：丽江。
上学时最喜欢哪门课：语文。
如果人生再来一次，你最希望做什么职业：家庭主妇。
如果出生时可以选择自己的性别，你愿意做男孩还是女孩：女孩。
近期最大的愿望是什么：富鑫酒业发展壮大。
未来最大的梦想是什么：过一种半山半水半亩田，半粗半雅半人生的日子。

倘若见到周菲，你会觉得，她是一个文静内向的人。她有着白皙的肤色，圆润的脸蛋，戴一副无边框眼镜，明媚而恬然的神情，加上她小巧的身材，使她看起来特别年轻。首次见面的朋友，大多会猜测她才30多岁，并且，她看起来平和、温婉，说话的声音还特别轻柔，语速并不快，做任何事，都显得有条不紊，不急不缓。她喜欢穿休闲装，脸上还总是带着微微的笑意，一点儿都没有人们想象中因位高权重而格外威严的样子。也许你无法想象，这样一个小女子，她柔弱的肩膀如何挑起这么沉重的一副担子？即便是个男人，要让这么大一家白酒企业生存乃至发展，又谈何容易？

然而，千万不要被你的眼睛欺骗了，千万不要以为你看到的一切就是周菲的全部，那只是她的表象，绝非她真正的性格面貌，不是的。你还不了解她，你只看到她是一个温和谦逊的女子，你没看到她的内在，她的激情，她的坚毅，她的刚烈，她的胆识，以及她永不服输的一面，你还没有与她深入接触过，你看不到这些。

其实，周菲是一个典型的白羊座女子。从小她就有很强的独立性，作为五姐妹的大姐姐，她一直担当着领头羊的角色。她的内心，其实从来都是乐观活泼、敢作敢当的，对她来说，任何事情，只要是自己认定的，就会干劲十足，属于剑及履及的行动派，是急行侠、探险家。似乎，她自己也很清楚，她是一个有点冒失的人。她认为，她最大的缺点是做事不会考虑太多，有些独断。这的确是白羊座女子最显著的特点，可是换一个词汇，这种特点，却可以叫作——魄力。

这个有魄力的女子，却绝非粗糙或者没心没肺，她有着强大的内心，以及行动力，却也有着细腻柔软的心事。她觉得，如果再来一次人生，她愿意只做一名家庭主妇，而不是做什么实业家、董事长。如果让她给出一个未来的长远目标，她说，她只要过一种“半山半水半亩田，半粗半雅半人生”的日子。还有，她最喜欢的地方是丽江。这些点点滴滴的信息，无不透露出她繁忙的、快节奏的生活背后内心真正的渴望。她想象的生活，是在丽江那样一处远离物欲、远离俗世的地方，过一份完全属于自己的“慢生活”，什么都不追求，什么都不刻意，种上半亩果蔬，养上几只鸡鸭，看看山水，小酌半杯，吟诗作画……如此看来，她的性情，倒确是符合了她所最爱的花的品性。

说起最喜欢的花，周菲毫不犹豫地脱口道：兰花。

周菲的确是个爱兰花的女子，在她的生活中到处可见兰花的影子，办公室里就有好几盆，窗台上、书架上、茶几上，全是一色的品种，属于古人诗画作品中出现得最多的那种。纤细的抽叶修长飘逸、绰约多姿，并不浓密的叶丛，却苍绿俊秀，叶间缀着一两朵半开或者含苞的淡绿色小花，犹如姣美女子伸出的葱白手指，那花型，高洁淡雅，神韵兼备，配着紫砂花盆，自是透出一股儒雅清新的气质。

周菲说："兰花品种有很多，我不喜欢颜色很艳丽，花朵很大的那种兰花。小时候，我家后面的山上，有很多野生的兰花，细长的叶子，开小小的淡绿花，有一股淡淡的香气，生命力非常强，不屈不挠地生长着。"

周菲指了指办公桌上的一盆兰花说："就是这种，你看这么小一盆，也不会一下子开很多花，可是只要开出花来，办公室里总是飘逸着幽香，感觉很好。"

问她为什么这么喜欢兰花？周菲说："我喜欢兰花的清秀、不张扬。其实梅、兰、竹、菊都是我喜欢的，但我最爱兰花，它正气和柔美兼而有之。你看它，素雅端庄，幽香清远。古人说过，‘幽悬兰草遇净土而生，不因无人而不芳，脱俗矣’……比起梅的孤绝、菊的风霜、竹的气节，兰花的气质更加内敛。”

周菲用一根食指轻轻抚了抚一片探出花盆的细长的兰花叶，抬头微微笑了笑，那样子，就像她面前的兰花，安静而内敛。

的确，兰花的与众不同在于，它并不丢失柔性的美，它同样具有君子的坚毅品质，只是隐藏在柔美之中，所以它美得脱俗，美得内敛。兰花最早的含义是爱的吉祥物，后人把兰花理解为君子高洁、典雅、坚贞不渝、有德泽的人格象征。屈原将兰花喻为君子，在他的不朽之作《离骚》中，就有“幽兰生前庭，含薰待清风”的佳句。中国传统文化中，养兰、赏兰、绘兰、写兰，一直是人们陶冶情操、修身养性的高雅活动，兰花，也就成了高雅文化的代表。

有说“文如其人”，周菲却是“其人如花”；有说“相由心生”，周菲的相貌、思维、心性，无不流露出兰花般秀外慧中的气质。她就像一株兰花，在山野里，她是一株不屈不挠地生长着的小草，努力绽放着近乎孤芳自赏的小花，可她又是那么雅致，一旦栽入花盆，就成了文人雅士描绘与唱诵的对象，美得亭亭玉立，而又清高孤独。也许，这就是她所欣赏的女性的形象与性格，近乎矛盾的，同时又是极其丰富的女人。

周菲喜爱兰花，喜爱兰花的脱俗、高雅、内敛，同时又赞赏兰花“遇净土而生，不因无人而不芳”的品质，一如她“半山半水半亩田，半粗半雅半人生”的人生梦想。周菲热爱田园生活，却对田园生活有着精神品质的要求；她向往“采菊东篱下，悠然见南山”，却也不舍放弃吟诗作画写文章。这样的梦想与追求，大约，还是源于周菲从小的耳濡目染。

在周菲的记忆中，外公肖培恕是个教书先生，会英语、俄语，最热衷的业余爱好就是收集字画和书籍，家里因此藏有很多名人字画。说起来，外婆朱莲芳的娘家，就是有名的朱家，外婆的父亲，也就是周菲的太外公，便是那位在赴贵阳途中救了杏花村酿酒师一命的朱齐德，是他，为华家的烧房送去了一名酿酒师。周菲很小的时候，跟着母亲去外婆家做客，经常看见外婆家络绎不绝地会有一些客人来访。那些人，都是外公邀来或者慕名而来的写字、赏画的文人雅士。周菲还记得，她若去得外婆家，外婆总会找出一些小玩意儿给她玩，什么冠珠啦、翡翠纽扣啦、小银饰啦，小周菲太喜欢外婆的那些小玩意了，可是外婆却说："现在都不时兴玩这个，很多都被弄丢了。我年轻的时候，好玩的才多呢，那时候，我爹妈常带我们姐妹去听戏，去甲秀楼那块儿吃点心，我们姐妹去私塾念书，还带着丫鬟，我这日子，可真是过得'先甜后苦'"……外婆说这些话的时候，周菲还很小，记忆虽然朦胧，但那所有的点点滴滴，都给她留下了极其深刻的印象。她印象中的外公，是个温和儒雅的文人，外婆，是个知书达理的大家闺秀，而那个大家庭，也是处处充满了文化的气息。

周菲的母亲肖开瑜，就是在外公家那个大家庭中成长起来的传统女性。肖家的家教，亦是沿袭了那个年代中国传统家庭的教育理念和模式，女孩子，从小就要学习四书五经、琴棋书画，更要学会女孩子应该守的种种规矩。虽然肖开瑜是在丢弃传统文化的年代中度过了她的成长期和青春期，她也没有学习四书五经、琴棋书画的机会，上学念书也是掺杂着种种诸如大炼钢铁、学工、学农、反右、破"四旧"之类的社会活动，但是，她是在那个充满传统文化气息的家庭里长大的，父亲肖培恕与母亲朱莲芳给予她的教育，以及文化知识、生活习惯的养成，依然使她长成了一个知书达理的知识女性。成年之后，肖开瑜成了一名学校的教师，一直到文化大革命期间，父亲肖培恕收藏的那么多字画书籍，抄的抄、丢的丢，几乎全部被糟蹋了。

1963 年，母亲肖开瑜与父亲周坤荣结婚了，一年以后，周菲出生。此后，父母又隔三岔五地替周菲生下了四个妹妹，时间从 1964 年飞也似地过到了 1977 年。那些年，中国正经历着一段割裂了历史、丢弃了传统、湮灭了文化的荒唐时代。在贵阳城里大户人家出生的肖开瑜身上，已经完全看不出大家闺秀的样貌，她像一个根正苗红的工人阶级的女儿一样，每天做着一份卖苦力的工。可是谁又能知道，大家闺秀的基因，其实深深地隐藏在肖开瑜的血液里。外面的世界正在闹着轰轰烈烈的革命，可祖辈传下来的养育女孩子的家教规矩，以及传统家庭对文化的尊重和崇敬的那份心，却没有被革命革掉，那是默默地流淌在血液里的基因，是在潜移默化中进入骨髓的细胞。

那些年，周荣坤与肖开瑜一起，辛苦养育着五个女儿，维持着一份贫瘠的家业，可是祖辈传下来的基因，却已悄悄地被他们的孩子传承下去了。

周菲是一个出生在文化资源最贫乏、教育环境最恶劣的年代的孩子，可是即便如此，小时候的周菲也无以阻挡地流露出对艺术、对文学、对一切美的事物超乎常人的兴趣。

对自己在中学期间的一段往事，周菲至今津津乐道："说起来，我中学的班主任王老师，与茅台镇上的华家大小姐是姑嫂关系，也就是说，华家大小姐嫁给了我们班主任的哥哥，是王老师的嫂子。念高中的时候，班主任王老师特别喜欢我，也很关心我，我们师生关系相处得非常好。也许那时候的人都很朴实，没有任何功利心。我记得，王老师常带我去她家玩，在她家里，我认识了她的哥哥和嫂子。王老师的哥哥王若华是一位非常著名的书法家，她的嫂子，也是琴棋书画样样拿手。因为常去他们家玩，所以，耳濡目染了许多……"

第一次跟着班主任去王家，周菲就看见王若华，站在一张大书桌前画画、写字、作诗。周菲还是第一次看见一对夫妻以这样的形象出现在眼前。她身边的所有亲戚邻里，她同学的父母，包括她自己的父母，不是柴米油盐围裙锅铲，就是钳子榔头钉子锉刀，每一户人家都是为生存而艰辛地、了无情趣地活着。可是王若华夫妇却以举案齐眉、吟诗作画的形象出现，这简直让周菲太惊异了，甚而艳羡之极。豆蔻年华的少女默默无声地站在他们身后，看着这对恩爱夫妻挥笔作画、谈诗论字，那些飘逸着墨香的丹青画作，那些仿佛有仙气的诗句，把她深深地迷住了。

自那以后，周菲就一直念念不忘，想再跟王老师去他们家玩。王老师大概也看出了周菲的心思，便经常带她去他们家。那几个成年人，似乎也很欢迎这个懂事而又乖巧的女孩。那时候的周菲，只是一个十六七岁的小姑娘，按年龄算起来，王老师和王若华夫妇，应该是她的父母辈。可是，她与他们之间却没有代沟，经常在一起，天长日久的，周菲就与王若华夫妇以及王老师成了忘年交。

周菲不知道自己为什么那么喜欢王家，没有原因的喜欢，纯粹而毫无缘由的喜欢，也许，那就是一种来自心灵的趋近。周菲说："我的班主任王老师，还有王老师的哥哥、嫂子，他们身上的那种气息，还有，他们家的那个气氛，我真是太喜欢了，不知道为什么，就是喜欢。他们好像不会为生活发愁，做得最多的事就是读书写字、吟诗作画，应该说，他们是那种无论在什么环境下都不会丢弃雅兴的人。有时候，他们也像孩子，不问世事，不食人间烟火，这也是我觉得和他们在一起最自在、最快乐的原因。”

后来，师生交谈之间，周菲才知道，王老师的嫂子，是茅台镇上的华家大小姐，也就是开成义烧房做茅台酒的华家。说到这里，周菲笑了，笑得近乎天真：“这么一说，我与做茅台酒的华家，还有一些沾亲带故的关系呢，我的太外公把干儿子送去了华家，我和华家大小姐是忘年交的朋友。看看，我和茅台酒是不是有缘？哈哈！当然这是开玩笑……”

事实上，周菲与酒有缘，并非无稽之谈。然而，对艺术发自天然的兴趣和爱好，更是让周菲走进了那个有着浓郁书香与文艺气息的家庭，于是，她成了一个与文学艺术走得很近的青年。她蠢蠢欲动，而又跃跃欲试，她总是想，自己为什么不能踏进艺术的殿堂？哪怕只是跨进一只脚？

少女的梦想中有一间哪怕很小很小的书房，她还梦想有一张可以铺开宣纸的书桌，她可以亲手提起饱蘸墨汁的毛笔，画下她梦中的那个世界……然而，那是一个梦想永远是梦想的年代，在那个年代，艺术不能作为职业，因为艺术是喂不饱肚子的。在温饱还成问题的时代，艺术和花瓶里的花儿一样，尽管很美，但百无一用。人们最热衷的职业，是在副食品店里做一名营业员，或者成为旱涝保收的国企员工，当然，那时候还不叫国企员工，那时候叫"工人阶级"。周菲对艺术的爱好，实在与生存的需要相悖，也不符合那个年代的形势需要。一直到高中毕业，18 岁的周菲只能与千万个普通女孩一样，为了自食其力，去寻找一份普通的工作。

周菲的第一份工作，是在一所工读学校当老师，虽然也算是工作，但只是零时工，并且那种所谓的老师，更近似于看守，是在一所类似于少管所一样的学校看管一群问题少年。

工读学校离家很远，要坐很久的车，为了省下车钱，周菲总是能找到那种运货的解放牌大卡车，趁搬运工刚装好货，车还没启动时，她悄悄地爬进车厢，当然，必须要搞清楚这辆车送货的目的地，途中一定要经过工读学校的所在地。

卡车启动了，周菲像一只偷偷离家出走的猫一样躲在后车厢里，一抬头，她就能看见车厢外流动的风景，看见绿色的山和蓝色的天空从头顶上飞也似地掠过。卡车一路颠簸着前行，直到把她颠得头晕脑胀，这时候，工读学校也快要到了。可是，卡车是不会为她这个偷偷搭车的女孩停下的，所以她就必须找准时机，从行驶中的车里跳出去。

周菲已经算是一个非常勇敢的女孩了，可是每一次跳车，却也总要经历一番惊心动魄的挣扎。她自然也会害怕，可是必须跳，爬上车只是一个开始，跳下车才是目的。

周菲笑着说：跳车也要有技术的，先把鞋子脱下来，扔出去，然后一闭眼，腾空一跃，落地时要曲起腿，不能直愣愣地往下跳，要不就会受伤……年轻的周菲总是那么幸运，一次次心惊胆战地跳出车厢，一次次安然无恙地爬起来，拍拍身上的灰尘，捡回两只被暂时遗弃的鞋子，套上脚，然后挺起胸，迈步向工读学校走去。

那天，周菲如同往常一样偷偷搭上了一辆解放大卡车，车开到工读学校附近时，她把鞋子脱下来扔出了车，然后纵身一跳，跃出了行驶中的卡车。落地的一刹那，脚底忽然传来一阵钻心的剧痛，疼得周菲眼泪都要出来了。周菲就地坐在尘埃滚滚的路边，抱起自己的脚察看，只见脚底心已经洇出汩汩鲜血，天哪！一颗铁钉牢牢地镶嵌在模糊的血肉中。

周菲咬紧牙关，一把拔下生锈的铁钉，鲜血顿时往外涌出来。她擦了擦脚，用手按住伤口，按了一会儿，血不再出得那么多了，才站起来，踮着脚跑去捡回鞋子，套在了脚上。接下来，这个18岁女孩拖着血淋淋的脚，忍着剧痛，一瘸一拐走到了工读学校。她比男孩还要勇猛，而她所做的这一切，只是为了省下几角车钱。

周菲说："年轻的时候真是鲁莽，其实就是无知，现在想起这事，会觉得有些后怕，当时都没想过会不会发炎，会不会破伤风。不过，我们小时候都比现在的小孩皮实，什么医疗措施都没有，就这么拖着受伤的脚跑来跑去，一个星期左右也就好了。说到底，那时候穷啊！所以，一开始我的想法，就是要挣钱。"

就这样，周菲在工读学校做了一年临时工，直到母亲退休，周菲顶替母亲，进了贵阳市里一家不大不小的铝合金企业。在这家铝合金企业里，周菲度过了十年青春，从1983年一直到1993年。周菲按部就班地上班、下班，每个月领取一份永远不会超出想象的工资。作为一名普通的工人，她所能做的最伟大的事业，就是每天无数次地搬运那些铝合金型材，从车间搬到运输车，从运输车挪到仓储库。周菲几乎成了一个搬运工，那时候的物流运输，几乎全靠人工，总计起来，她一天要搬动很重的铝合金型材。那样的日子，岂是她一个小女子能长期承受的？可她还是做了整整十年。

那是一段黑暗得简直让周菲感到没有止尽的生活，在车间里，一抬头，她就看见那台叫作“行车”的巨大的机器从头顶上隆隆碾过。她有一种压抑感，一切都让她感到茫然失措，她不知道自己是不是将要在这台行车的碾压下度过一生。在大多数人眼里，做一名工人，那是一份安定稳妥的工作，可是周菲并不满足。一个正值青春年华的女孩，一个妙龄女孩，她的眼里，外面的世界究竟有多美好？世上的风景究竟有多美丽？她不知道，她想知道。可是，生存、经济、环境，一切都是那么紧张、局促，她无法按照自己内心的向往去领略世界，去体验人生。

有时候，压抑的环境会催生一个人的情感爆发，麻木呆板的工作会让人心变得更加驿动，一成不变的生活会让一个感性的女孩变得愈发敏感。周遭的一切，全然无法让一个青春女孩寄托或者宣泄她丰沛的情感，只有恋爱，恋爱，身陷刻板环境中的年轻女孩，只有在恋爱中，才能感觉到自己还拥有青春的活力。

周菲开始谈恋爱了。

父亲周荣坤的家教十分严格，对女儿们的行为纪律要求甚至可以写成一本厚厚的规章制度手册。那一年，周菲才刚满 20 岁，她不知道，倘若父亲知道她年纪轻轻不好好工作，就谈起了恋爱，会不会把她的腿打断？可是，这世上，什么样的严父能够够阻挡一个青春的女孩去寻找爱的脚步？在父亲的威严管教之下，周菲还是见缝插针地开始了自己的恋爱课。从小，她就是一个敢想敢做的女孩，是一个比男孩还有魄力和勇气的女孩，她自己也说了，她要做的事，不会考虑再三、犹豫不决，她敢于去想，一旦有了想法，她更强于行动，甚至有时候，还没想得足够成熟，她就开始行动了起来。

其实，当父亲知道大女儿已经开始谈恋爱，他的反应并没有周菲想象的那么可怕。他沉默了片刻，而后，对周菲提出了约法三章，内容，自然是要求他这个有原则的严父培养出来的女儿，要懂得自尊自爱，不能丢弃人格尊严，更不能丢脸。看似简单的约法三章，其实包含了更多的具体行为准则，比如，晚上回家不能超过九点；出游不能在外过夜；不能两人单独呆在一个房间超过半小时……可是，青春是永远不会被淹没、被禁锢的，哪怕头上压着一块巨石，青春的树苗也会顶开巨石，努力冒出它稚嫩的幼芽。

那些日子，周菲总是想着法子躲开父亲的眼睛，悄悄从家里溜出去，和男朋友去看电影、逛街、游玩。每一次，她都能编出合理的理由骗过父亲。离开父亲的管辖范围，她看见的是无边无际的天空，宽阔浩瀚的世界，她感觉到了青春的生命是多么应该拥有自由。

年轻时不懂爱情，却因为对爱与自由的向往而渴望插上翅膀翱翔云霄，此刻，白羊座女孩的冒险精神完全显现。22 岁初涉成人世界的周菲做出了一个惊人的决定——结婚。她渴望拥有自己的小世界，渴望为自己的生命做主，渴望过上不需要在父亲面前撒谎吹牛、坦然安心地不回家过夜的生活。

然而，说真心话，倘若那时候问她一句："你爱他吗？你敢肯定，那是爱情吗？"年轻的周菲会怎么回答？

在对生命自由的强烈渴求之下，爱情被烟雾笼罩了。如今的周菲，已经不再青春，她已然成熟的人生观和爱情观，让她既坦诚又遗憾地承认，那是一个年轻的女孩近乎草率的冲动之举。

第二年，周菲就生下了儿子，产假一结束，她就回到铝合金厂，继续上班。因为丈夫的工作单位离得比较远，每周才回家一次，她只能独自承担起带儿子的职责。好在有母亲帮忙，她去上班时，退休在家的母亲就替周菲看管着还是婴儿的儿子。

周菲不愧为一个白羊座女子，她就是那个 12 星座中独立性最强的女性，她绝对不是那种整天守在家里，等着丈夫来接她、送她，完全缺乏独立行动能力的女人。白羊座的女人几乎都可以成为出色的职业妇女，然而，她也能做一个称职的家庭主妇。虽然柴米油盐的琐事让她的生活陷于繁忙凌乱，但好强的她，不会让自已成为一个失败的主妇。周菲就是这样一个有着好胜心和要强的女子，虽然丈夫无法照顾到她和儿子，但她在兼顾上班的同时，也把儿子照顾得挺好。

然而，如果要周菲把心思全部放在“老公儿子热炕头”上，那也绝不可能。她怎么能这么虚度人生？每分每秒，周菲的脑子里都是新的计划，工作的火焰一旦点燃，就无法熄灭。事实的确如此，日后的周菲，的确有不少创举，事业方面，也总是如她所想，不断有新的发展。对于自己的职业生涯，周菲总结道：“对未来，我有太多的想法，我不是一个安于现状的人，我总想着要改变自己。”

是的，周菲不是一个安于现状的小女人，在企业里当一名可有可无的工人，那不是她的理想。儿子出生以后，她发现经济上的开销十分巨大，靠一份微薄的工资，日子过得实在有些捉襟见肘。在没有物质生活的保障之下，梦想只能永远停留在做梦的境地，而与自己的现实生活毫无关系——务实的白羊座女子就是这么想的。

周菲开始寻找别的工作机会。起初，她找到了一份巴士售票员的兼职，那是上班之余的活计，也就是说，她一边得正常上班，一边得下了班之后去做一份工作。那些日子，周菲每天都要打两份工，早晨一睁开眼睛，就和母亲一起照顾好儿子，自己吃完早饭，赶去铝合金厂上班。以搬运型材为主要工作的八小时过去后，周菲下班了，可她还不能回家，她必须以最快的速度赶去巴士公司，上一辆中巴车，开始做她的第二份职业——售票员。售票员的任务，从傍晚开始，一刻不停地做到末班车收工归队。

结束了一天工作的周菲，晚上回到家，总要到十点以后。那时侯，母亲已经带着儿子睡了，她只能轻手轻脚地走进卧室，看一眼宝贝儿子，亲一口他那白嫩的小脸蛋。然后，就是赶紧睡觉，因为第二天一早，与昨日一样的一轮循环又在等着她……那些年，正在成长中的儿子也仿佛总要考验一下她这个做妈妈的，小小的男孩经常发烧、惊厥，周菲经常半夜三更抱着儿子赶去医院看急诊，那段日子，年轻的周菲简直忙得焦头烂额。

周菲开始感到力不从心，这样日复一日、马不停蹄，不仅把自己弄得疲惫不堪，儿子也没法照顾好，还连累了母亲。母亲替她带儿子，还要做家务，虽说老人家从无怨言，但总是这么跟着受累，身体也会累垮的。看来不能再做巴士售票员了，即便早出晚归、累死累活，也多挣不了几个钱，得想个办法，既可以工作赚钱，又可以照顾家人。周菲的脑中又开始冒出新的想法……

那些年，市面上开始流行机器编织羊毛衫，私人或家庭就可以开作坊，只要有一间小小的房子，摆放一台占地并不多的编织机，生意就可以做起来。周菲一旦主意打定，就立即付诸行动。她很快凑齐了钱，买回了一台毛衣编织机。通过自学，周菲在极短的时间内，就学会了如何在编织机上织出漂亮的毛衫。从那以后，她又开始了白天上班，晚上加班打两份工的生活，只不过这一次，她的第二份工，不用出门，在家里做就可以。

也许是周菲对工作过于投入，太热衷于改变生活现状、改变自己，而忽略了丈夫的感受；也许是她太要强好胜的性格，让她的丈夫产生了挫败感；更也许是，这对年轻的夫妻对于爱情、婚姻、家庭的认知，本就存在分歧，只是没有一起经历过艰难抉择，生活的矛盾、人性的差异，一时没有机会显现乃至爆发……终于，爆发的日子悄悄地来临了。那一年，儿子才两岁多一点，周菲无意中发现，年轻的丈夫偏离了他们那条二人世界的轨道，走上了她从未想到过，也从未预料过的另一条路上去了。

对于周菲来说，那是她人生中一次最艰难的考验。这个典型的白羊座女子，她希望自己在爱人的心目中始终保持最重要的地位，当然她也会把对方摆在她心中最重要的位置。她忠实、大方，她愿意与爱人分享她的一切。当然，她也认为，爱人应该与她分享一切，包括秘密。她最不能容忍的就是被欺骗，她情愿听爱人心碎的忏悔，也不要接受美丽的谎言。看起来那么爽利的她，其实脑中充满着童话般的梦想。她会倾心于一个令她佩服的男人，她要嫁的是一个让她引以为傲的丈夫。她或许会欣赏事业有成的男人，但这并不表示她是个拜金主义者。家财万贯的花花公子不会让她心动，对她来说，有责任感、满腔理想的热血青年，才是有魅力的白马王子。她的内心，深深地希望她选择的丈夫，是一个有梦想、有追求，并且忠实可靠的伴侣，就像她梦中的那个白马王子。然而，残酷的现实却是，她的白马王子梦破灭了。

周菲选择了离婚，这是她一意孤行的决定，无论丈夫如何恳求，如何悔过，她都没有松口。并非她心肠硬，而是，她有一颗太过正直、真诚、善良的心。因为正直、真诚、善良，她更脆弱而易碎。唯有分离，才能让她免于感到被羞辱，才能让她重新站立起来，面对自己，以及面对世人。

那一年，周菲不到30岁，那一年，她的儿子才3岁。

“婚姻中的变故，都不会是一个人的原因，我想，我也有问题。我的问题是，过于专注于自己的事情，太少顾及男人的感受，冷落人家了，没关照好家庭……”如今的周菲，说起自己失败的婚姻，总能这么客观、坦诚的自我解剖一番，这足见她的大气、宽容，以及成熟。

“年轻的时候太刚烈，别人都觉得我老公人挺好，也没犯什么特别大的错，完全可以给他机会，那也是给我自己机会。可是那时候，我的眼里就是容不下沙子，我不能容忍自己的丈夫有那样的瑕疵，在我眼里，这可是原则性问题。这也是我的性格缺点，独断、冲动。”

周菲没有让儿子知道他的爸爸妈妈已经离婚，在儿子还未懂事之前，她不打算把这消息告诉他。周菲要让她的小男孩在安定、快乐、健康的环境中成长，她坚强而不服输的个性，让她在儿子面前始终扮演着一个乐观向上、笑颜常开的母亲角色。勇往直前是她最大的特点，即便面对困难挫折，她也敢于迎接挑战，小鸟依人、楚楚可怜这一类的形容词很难加诸在她身上。可以说，她是个极具战斗精神的新时代女性，可是，那些年的日子，过得真是艰辛啊！

离婚后第一年，儿子的生日到了，周菲精心挑选了儿子最喜欢的玩具，买回家，告诉儿子："这是爸爸让妈妈替你带回来的生日礼物，爸爸出差了，没法亲自来给你过生日……"为了儿子的身心健康，周菲从不拒绝前夫来探望儿子，也从不会在儿子面前说半句前夫的不是。她好像还没学会记仇，可这并不表示她没心没肺，而是，她要让自己成为强者。

什么是强者？一个离异女子，只身带着年幼的儿子，她怎样做，才能成为一个强者？

在周菲的理念中，离婚后从此一蹶不振，无法独立生活的女人，肯定不是强者；与前夫形同陌路，不让前夫来探望孩子的女人，也不是强者；对前夫恨之入骨、没完没了地抱怨的女人，更不是强者。淡定、坦然、客观地面对前夫，有关孩子的一切，都可以与前夫商量配合，不做怨妇，不做悍妇，却始终自强不息，不放弃事业，不放弃追求，这样的女人，才能拥有自我，才能实现人生价值，才能让身边的男人打心眼里产生敬意；这样的女人，才是强者。

周菲就是这样的女人，一个豪放率真、热情勇敢、自尊自爱的女人。她可真有点女汉子的味道，连前夫都不得不佩服她，尊重她。现在，周菲的儿子已经是 20 多岁的小伙子。前夫虽已另外成家，可是他还经常跑去富鑫酒业，看看他那身高早已超过自己的儿子，看看已经成为董事长的儿子他妈。倘若周董事长正好有客人在，那么她会顺便向客人介绍一下她的前夫：这是孩子他爸爸……

多好的介绍啊！虽然她们已经不是夫妻，但他们毕竟拥有一个共同的儿子。这个大气的女人身上，仿佛有着普通男子都不具有的侠义心肠，这让她显得既坚不可摧，又有着挡不住的可爱。

离婚，是周菲自认为继冲动地选择婚姻之后又一次冲动的结果，可是她并不后悔，她没有为结婚后悔过，也没有为离婚后悔过。她是一个有精神追求的大女人，她的心气很高，她不是一个甘愿躲在男人背后的小女人。说真心话，这世上有几个男人能拥有强大到让周菲心甘情愿放下追求而投入其中的怀抱？其实她并不是全然如她自己所说，想要做一个纯粹的家庭主妇，这个家庭主妇的心，远比一般职业女性要大得多。倘若她的男人并非足够强大，那么她就一定要有自己的事业，她绝不会放弃她的生命追求。一如她自己所说："我现在的梦想，是做一个纯粹的家庭主妇，但是年轻的时候我可没这么淡定。说实在的，做一个纯粹的家庭主妇也要有底气，首先必须拥有一个纯粹家庭主妇最美好、最坦然的心态，这个心态，不是坐享其成的，那是要通过多少努力才能得来啊！"

什么样的家庭主妇才是心态最美好、最坦然的？那就是经历过风雨，看见了雨后彩虹，然后，再也没有后顾之忧的那种女人。周菲不是，至少，她认为，现在还不是。所以，她还要追求，还要逐梦。

有那么十年，年轻的单身女人周菲简直把自己忙成了一个一刻不停地旋转着的陀螺，可是很无奈，她发现，她费尽了所有时间和体力去拼，结果却只是多挣了几百块钱，那几百块钱却不能给她带来更大的满足感和成就感。她说："这些年，我干过无数种职业，工人、巴士售票员、羊毛衫编织作坊主、铝合金销售代理人、陶艺设计师，直到 20 世纪 90 年代初，我才开始接触酒业。如今说起来，在我做过的所有工作中，感觉最值得回味、最喜欢的，就是曾经做过一阵子陶艺设计。"

不知是从哪一天开始，一夜之间，贵阳城里开出了不少陶吧。人们热衷于亲自上手，根据自己的喜好做出各种陶器，烧制出来后买回家，整个制作过程，其实就是一项休闲玩乐的活动。

起先，周菲只是去朋友的陶吧玩了几次，没想到一发不可收拾。她发现自己特别喜欢陶器作坊里那种恬淡质朴的气息，那里到处充斥着泥土的味道，给人一种返朴归真的感觉。更加令人意想不到的是，周菲一出手，就能做出一般顾客难以达到的水平，好像她天生就比别人领悟力强，只是玩了几次捏泥巴和拉坯，竟做出了让制陶师傅都点头称好的作品来。

好的开头就是极大的鼓励，周菲立即对制陶产生了强烈的兴趣，她把上班之余的时间几乎全部投入了陶艺的学习。这个对艺术天然热爱、并且有着一份天赋才情的女子，很快就让自己成为一个陶艺设计高手。

周菲好像有着用不完的无穷无尽的创意，她设计的陶瓷工艺品，总有令人意想不到的独特之处，除了实用性以外，设计细节的艺术性，更是她作品的与众不同之处。就这样，周菲的名字迅速在陶艺界走红。那一年，贵州电视台为她这个如新星一般忽然冒出来的陶艺设计师拍过一部纪录片，片名就叫《周菲和她的陶艺》。纪录片在电视上播出后，周菲那严肃而严厉的父亲也着实为大女儿的成绩惊异不已。虽然周爸爸什么都没说，但他专注地看着电视里的女儿和女儿设计制作的陶器工艺品时的眼神让周菲明白，父亲是在默默地为她骄傲呢。四个妹妹，那更是毫不掩饰地表现出对她们大姐的敬佩之情。周菲自己也信心满满，她想，也许，陶艺设计正是她以后的发展方向。

然而，周菲的陶艺设计还是没能坚持下去。为什么？开个陶吧，一边做创意设计，一边卖陶瓷，这不是又赚钱，又好玩的工作吗？

周菲摇头笑笑："还是生存问题，开陶吧也好，做创意设计也好，开画廊，开字画店，这种生意，都是有钱人闲来无事，开着玩玩，可以修身养性，但很少能赚钱养家。柴米油盐人人都需要，陶艺却不是日常必需品，只有那种有点情趣、有点闲情逸致的人才会喜欢。其实受众很少，大多数顾客只是一时好玩，玩了几次就觉得厌烦了，并且，这种休闲艺术消费挺高，而做出来的陶器要等到烧出来才能拿回去，这需要花时间等待，大多数人没有这份耐心，也没有闲时、闲钱来玩。开陶吧投入并不算高，但要维持下去，却很难。当时开出来的那些陶吧，后来几乎全军覆没。有时候我自己都觉得奇怪，为什么我喜欢的东西，我的爱好，什么书法诗画、陶艺设计，都和赚钱没什么关系？”

说到这里，周菲哈哈大笑起来：“若说赚钱，也要时间积淀，比如说我的外公肖培恕，当年他收集的那些字画要是没被抄家抄走，放到现在，那就值大钱了。不过，说实话，搞收藏的人，首先也得是个有钱人，要不哪有钱买古董字画？况且，大多数搞收藏的人，愿意付钱买回那些宝贝，很少有人愿意卖掉收藏换现钱。所以，不管有什么样的兴趣爱好，不管有多少闲情逸致，首先得打好经济基础，穷人是没有资格谈雅兴的，这就是残酷的现实。”

开放与自由的市场经济让中国人拥有了择业与创业的自由，那些年，几乎每一个中国人都在忙碌着去实现自己的发财梦。然而，经济的风向甚至比自然风向更加难以把握，大多数人会随波逐流、人云亦云，而商机之所是“商机”，就在于，它并不具有普遍性。那只是一个机会，也许这个人遇到了，就是商机，换一个人遇到时，只是一个路标，甚至还是一个陷阱。任何事业的成功，都与从事这份事业的人的性情、性格、世界观、行为处事有着密切的关系。都说性格决定命运、细节决定成败，周菲热爱艺术，却依然没有投入与艺术有关的事业，那是她在审时度势、分析利弊之后的明智之举。她似乎错过了她可以发挥专长的事业，然而她又是对的，倘若那时候她开出一家陶吧，也许日后，她也是那个全军覆没的阵营中的一个。然而现在，周菲倘若想开一家陶吧，就不需要考虑太多有关陶吧是否赚钱的问题。她可以用她的富鑫酒业的效益，来滋养她的雅兴，那才是最完美的结局。

放弃了陶艺设计的周菲，深深地收藏起内心那些呼之欲出的雅兴，继续投入经济基础的建设。1993年，周菲从铝合金厂辞职，一边做铝合金代理商，一边寻找着更有发展前途的商机。很快，周菲在铝合金代理这一行里做得越来越顺利，越来越稳定，一段时间后，她也算是给自己积累了一定的财富。可赚钱真的不是周菲唯一的目的，钱只是桥梁，是通往梦想彼岸的必经之路，所以，这个白羊座女子一点儿都没有停止追逐梦想的脚步。

也许是机缘巧合，也许是命中注定，就在这当口，茅台镇上的怀源酒厂，不经意地出现在了周菲的视野里。

认识怀源酒厂的丁厂长纯属无意。周菲有不少书画界的朋友，其中著名的画家王振中教授就是周菲多年的朋友，通过他的介绍她结识了丁厂长。他们谈书画古玩，谈国事家史，相言甚欢。那次聚会以后，周菲竟与丁厂长结下了不解之缘，日后，无意间谈起各自的生意，两人竟一拍即合，丁厂长为周菲提供一些怀源酒厂的促销酒让她销售，周菲作为怀源酒厂的一个零售商，开始了白酒的代销生意。从那以后，周菲以铝合金代理为主业，辅以部分白酒销售，如此这般，她与怀源酒厂的来往，越来越频繁密切了。

适逢20世纪90年代亚洲金融危机，由丁厂长始创的怀源酒厂，因销售困难，连年亏损，意欲转让。周菲本就在替怀源酒厂做小批量的白酒零售，而此时，她的另一位商界朋友张某，得知了怀源酒厂急待转让的信息。张某便找到周菲，希望周菲能和他一起投资怀源酒厂。要是能够收购怀源酒厂，依照这爿酒厂原有的声望，以及酒厂多年来储藏的有年份的原浆酒，只要把销售做上去，那就是一桩稳赚不赔的生意。可惜的是，张某自己的资金远远不够投资酒厂，于是他想到，拉上周菲，再找一两个投资人共同合作，开一个酒业公司，就可以把怀源酒厂收购下来。

听了张某的介绍，周菲顿时兴奋起来。这是不是一个商机？对于别人来说，也许是一个陷阱，可是对于自己呢？周菲有一种直觉，倘若能够投资怀源酒厂，远景应是十分可观。然而，一切都是未知数，倘若投入，必定要冒巨大的风险，但是，未尝不会有巨大的收获。

如此重大的决定，大多数人会举棋不定、犹豫不决，然而，白羊座女子的魄力总是在关键时刻显现，周菲雄心勃勃而又跃跃欲试，几乎没怎么犹豫，她就下了决心，怀源酒厂势在必得。

可是，和张某一样，周菲也没有足够的资金，即便她和张某的资金合在一起，也不足以收购怀源酒厂。可是周菲太想把怀源酒厂拿下来了，说实话，铝合金代理商这一行，周菲已经做得日渐稳定而趋于成熟。在这期间，她看到了商界的很多现实，也增长了不少为商的智慧心得，很多时候她会想象，假如她挣下了第一桶金，她就要用这一桶金去干一番大事业，虽然她还不知道什么样的事业才算是大事业，也不知道什么是自己能够胜任，并且是最适合自己的事业，但她心里充满了热情，她不是一个坐享其成的女子，她不愿意安于现状，她总是想着要改变自己，不断地改变自己，这是来自她血液里的性格。如今，怀源酒厂就这么摆在了她的眼前，她怎么可能放弃？无论如何，她要抓住这次机会，也许，这就是她通往梦想中的大事业的最佳途径。

周菲开始寻找可以合作投资的伙伴。当时，在广州做家居创意设计的三妹周娴，知道大姐想投资酒厂，苦于找不到有实力的投资人，便在广州帮着大姐忙活起来。通过朋友的介绍，周娴认识了一位广东中山的老板，中山老板听说有这么一桩生意，很感兴趣，当即表示愿意投资200万元，把面临倒闭的怀源酒厂收购下来。周娴便把这位中山老板介绍给了大姐。

接下来，周菲就与中山老板开始洽谈有关合作的事宜。可是，周菲没有想到，双方谈到具体合作事项时，广东中山老板却提出了一个令她无法接受的条件，那就是，他只和周菲一人合作，不带张某。因为中山老板觉得，张某的投资能力有限，一个无足轻重的投资人，却是一个实打实的利益瓜分者，这样的人，还是不与他合作更为合适。

周菲左右为难，这次怀源酒厂的商机，本就是张某介绍给她的，现在找到了合作投资人，却要抛下介绍人，这可不是周菲一贯的为人处世风格，她怎么能过河拆桥、见利忘义？

周菲的侠义心肠适时爆发，她不同意抛下张某与中山老板合作，在这一点上，她实在是不太像一个商人。大多数人会认为，商场是不讲情义的，甚至为了追求最大利益而六亲不认。然而，周菲却是一个感性的女人，是的，这些年，她的确为了挣钱而忙碌奔波，可她不是一个见钱眼开、背信弃义的人。她有她的原则，钱要挣，但要挣的对得起自己的良心。

可是中山老板仗着自己是占据绝对优势的投资人，固执地坚持自己的想法，他告诉周菲：要么就他们两个合作，要么他就撤回，不再投资白酒业，打道回广州。

如果中山老板不投资，仅靠周菲和张某两人的力量，根本无法拿下怀源酒厂。可是，倘若抛弃张某，自己和中山老板合作，这事她可做不出来，那是她最为唾弃的小人干的事。周菲左思右想，最后决定，既然中山老板不想带上张某一起合作，那她宁愿放弃怀源酒厂，她不和任何人合作，大不了做回她的铝合金代理。

周菲放弃了这次梦寐以求的商机，这就是她内心坚守的原则，用现在的话说，这就叫“诚信”。为商而无诚信，岂不就是奸商？周菲不愿意做奸商，虽然她没有这么说，但她用更为朴素的话表达出了这份诚信：“要真这么做了，我怎么面对张某？我以后怎么抬头做人？我怎么理直气壮地坐在酒业公司董事长的椅子上说话？”

那位中山老板，却正中下怀，老古话不是说了吗？

宁要独吃一只鸡，不要合吃一头牛。他是完全有能力独立投资的，只碍于是周菲的妹妹周娴介绍来的生意，不好意思抛下周菲，却怎么都不想再增加一个张某了。现在，周菲既然撤出，那么正好，我一个人做。

不久以后，中山老板独自开出了一家酒业公司，租下了怀源酒厂，开始做起了酱香白酒。

然而，世事总会显示出人类无法预测的神奇结果，神奇得你都来不及思考，神奇得你都不敢相信。那位广东中山老板，虽然把酒业公司开了出来，可是经营了一年多后，竟无论如何做不到把怀源酒厂生产的白酒在市场上铺开，不仅销售不掉，还连连亏损，最后，这位投资商在万般无奈之下，只能宣布他的酒业公司倒闭，怀源酒厂再一次进入真空阶段。

仅仅一年多，怀源酒厂又一次站在不远处注视着周菲……

也许，只有品尝过失而复得的人，才能明白什么叫作“幸运”，什么叫作“被上天眷顾”。似乎，上天会把人间的一切真善美、假恶丑看在眼里，最后，上天伸手一指，把那些扭曲的路、离散的人、错失的机会，一一拨乱反正。

一年前，周菲为了不丢下为她牵线搭桥的朋友，自动放弃了怀源酒厂，可是怀源酒厂却在一年后又静静地守候在那里，等待着周菲的目光再次投到它的身上。或者，这就是周菲与怀源酒厂之间躲都躲不掉的缘分，仿佛是上天注定，怀源酒厂就应该由周菲来坐镇，开酒业公司，也成了摆在周菲眼前的一条别无选择的不二之路。

对于自己的选择，周菲是这么说的：“在中国，酒业这一行大多是男人在做，女人不多，当时是捏了一把汗的，其实我也没什么把握，属于孤注一掷吧。现在想想，我觉得，我是选对了路。有运气的成分，还有一点非常重要，那就是——坚持。”

周菲走上了白酒业的初始之路。“做一番大事业，说来容易，做起来可真是难啊！”每每回首往事，周菲总是这么感慨。

最难的并不是酿酒，而是，酿出来的酒怎么卖掉？怀源酒厂生产的酱香白酒，本就是茅台型酱香酒的典型产品，为了保证品质，周菲始终严厉监督生产质量，不允许有一丁点儿的偷工减料或者急功近利的做法。好酒酿出来了，可是如何让老百姓喝到好酒？

那段日子，周菲把自己逼得日日夜夜马不停蹄，除了酒厂的生产，周菲还要跑销售，卖酒。一个女人，只身奔跑在全国各地，为了跑市场，为了谈一笔生意，她经常要坐那种长途卧铺汽车，一坐就是 20 多个小时，很多时候，会在半夜三更下到某个小县城，独自走进那些举目无亲的地方……周菲就这么在一个个城市、一个个销售点之间来回奔波。这样的工作，岂是一个女人能做的？可是，周菲就是这么过来的。

“那时候真难啊！回想起来，真有些‘痛定思痛’的意思。可我的性格就是有那么点倔强，我就不相信做不出来。”周菲说。

此时此刻，这个白羊座女子身上具备的更为重要的品质就是——勇往直前，即便面对困难挫折，她都敢于迎接挑战。冲动、爱冒险、慷慨、天不怕地不怕，而且一旦下定决心，排除万难也要达到目的。也是因为性格的缘故，她总是比其他女人活得辛苦一些，天生倔强与不服输的个性让她即便在困境中，也依然咬紧牙关不后退半步。

有那么一段时间，周菲连工资都发不出了，可她还是不想放弃，来之不易的机会，不能就这么轻易地丢掉，就是砸锅卖铁也要做下去。周菲想尽了一切办法，贷款、借钱，直至卖掉自己的首饰，一次又一次临到发工资的前一天还没筹到足够的钱，却也总能临危解难，按时给工人发出工资。

然而，即便是这么艰难的时候，周菲也没有放松对酒的品质要求。对此，周菲有着自己明确不变的观点：再难也要坚持，困难的时候不坚持，那就不会有未来。

未来是彩虹，未来是艳阳天，它远远地等待着那个经历了风霜雪雨，一路挺过来的人。2000 年，周菲注册了自己的公司——富鑫酒业。开创的日子就这么来到了，“醉金花”的美誉，也在悄悄地孕育而生。

2008 年，经济开始复苏，冷落的市场渐渐回暖，而周菲一直坚持的高品质白酒，也替她带来了一次转折性的机会。周菲与贵州省盐业集团签下了一份长期合作项目，那就是，怀源酒厂生产的“百家福”品牌白酒，由盐业集团负责全部销售。

这份合同解决了怀源酒厂生产总量很大的份额，对于周菲来说，这确是在危难时刻很有力的一臂之助。也是由于周菲的富鑫酒业产品质量过得硬，消费者反响口碑素来极好，盐业集团才选择了一款最具销售潜力的品牌——“百家福”。然而，盐业集团也因此向周菲提出了一个十分苛刻的条件，那就是，周菲必须把“百家福”品牌转让给盐业集团。

周菲犹豫了，“百家福”是富鑫酒业注册的好几个品牌中的一个主打产品，假如转让给盐业集团，那就等于自己不再是这个品牌的所有者。她用了那么多年的辛苦拼搏，才把这个品牌做成酒业界众所周知的优质产品标识，就这么转让给盐业集团，心中自是一万个舍不得。可是，盐业集团毕竟解决了很大的销售问题，如果放弃这次合作，就等于失去一次起死回生的机会。那么，倘若转让，开多少价才不至于亏得太厉害？

好几个夜晚，周菲无法睡着。说实在的，品牌无价，开多少价她都舍不得，就好像，那些品牌都是她的孩子，经过一次次十月怀胎，她的孩子们落地生根、茁壮成长，可是长大成人了，她却要把其中一个大女儿嫁出去了，开多高价位，她都舍不得嫁啊！因为，“百家福”陪伴着她，走过了最困难的那几年。可是，有助于和平与发展的联姻抑或结亲，在历史上岂不也成佳话？文成公主为大唐基业远嫁松赞干布，王昭君为汉匈两族团结和睦而出塞漠北，周菲的“百家福”，难道不是她的公主，她的心头肉？

既然是为救富鑫酒业于危难之中，既然必须嫁女，不如就堂堂皇皇地嫁，即便赔上嫁妆，也值得。

经过几个不眠之夜，周菲终于决定，同意转让“百家福”品牌，并且是——无偿转让。是周菲的女儿，嫁到哪里都不能抹煞她这个亲自生养了女儿的娘。因为，盐业集团销售的每一瓶“百家福”，都是来自周菲的怀源酒厂，有谁能否认，“百家福”不是周菲的女儿呢？

事实证明，“百家福”的转让，为日后富鑫酒业更大的发展走出了最为关键的一步。随着富鑫酒业的日渐兴旺，新的品牌也源源不断地产生。周菲的孩子们一个个孕育、一个个出来，如今，富鑫酒业已经拥有更多注册的品牌，听听那些名字吧：怀源佳酿、怀源陈酿、小酱、仁酱、儒酱、福酱、御酱、尊酱……

2010年，富鑫酒业全面复兴，怀源酒厂空前繁盛，周菲的白酒销售更是有供不应求的趋势。公司业务越来越繁忙了，周菲一个人已经顾不过来，急需招兵买马，富鑫酒业需要更多的管理人才。周菲向社会公开招聘人才，可是，说实话，那时候的富鑫酒业刚有了一点发展的势头，实力却还并未十分强大，公开招聘的结果，不外乎两种情况，一种是，有才的人轻易不愿意来；另一种是，来者一定会开出比较高的薪水价位。

虽然生意越来越好，但周菲却依然本着勤俭治理，能省的地方绝不浪费的原则。可是，渐渐繁忙起来的业务却不容她等待的人才姗姗来迟，此时此刻，周菲想到了她的妹妹们，她那些正在祖国的四面八方生活以及工作着的妹妹们，她们会不会愿意接受她的邀请，回到贵阳，来富鑫酒业，与她一起工作？

周菲的想法一经告诉妹妹们，四妹周颖第一个响应大姐的号召，进入富鑫酒业，开始与大姐并肩作战。彼时，二妹周彬正在贵阳的一家企业工作，三妹周娴在广州做室内装潢创意设计，五妹周肖瑶在上海做广告设计。她们各自都有着自己的生活和工作，倘若丢掉原来的工作，放弃已经打下的基础和拥有的资本，这就等于是让她们重新做一次人生的选择，这样做合适吗？尤其是，在外地生活的三妹和五妹，倘若回到贵阳，她们甚至要与她们的恋人、配偶做长久的分别，甚至是一去不再回头的分离。

周菲犯难了，她不忍心，也不愿意因为自己的需要而改变妹妹们的生活，倘若她能给妹妹带来更好的生活，她当然会觉得很高兴，并且，那也是她认为自己作为大姐必须做到的。可是，倘若她让妹妹们回来和她一起冒风险，一起受苦受累，甚至使她们的生活质量下降了，那样，她真心觉得对不起妹妹们。

正在周菲进退两难的时候，父亲周荣坤却不动声色地替她给妹妹们做起了工作。他亲自给远在广州和上海的两个女儿打电话。事实上，父亲并没有在电话里多说什么，也没有逼迫女儿必须回来，他只是把大姐的需要和困难简单说了说。

父亲的力量依然是那么巨大，当女儿们接到他的一声召唤，竟然二话不说，一个个从四面八方回到了贵阳，回到了家乡。

曾经，小时候的五姐妹是多么惧怕她们那严厉得近乎凶悍的父亲，如今她们已经长大，已经不再惧怕，可是在这个曾经“父权至上”的家庭里长大的孩子，父亲依然有着延续而来的强大的权威。哪怕他给她们发布一个并非命令的小小指示，女儿们也会义无反顾地朝着父亲指点的方向奔赴而去。

五姐妹终于又像小时候一样，聚在了一起，父亲静静地注视着她们，轻轻地舒了一口气。

对于周菲来说，四个妹妹的加盟，是一张家庭亲情的重磅出牌，这也为富鑫酒业的全面发展奠定了强大的基础。自此，“五朵金花”全部进驻富鑫酒业，周菲把公司的股份分给四个妹妹，五姐妹成了富鑫酒业共同的董事。

周菲说：“我选择做酒，在最艰难的时候也没有放弃，一直坚持了下来，我还让四个妹妹和我一起做，说是创业，其实也是冒险，而结果却令我欣慰。妹妹们很努力，也很能干，富鑫酒业给我们的回报，也让我感到我们的付出是有价值的。”

如今，周家五姐妹在属于男人世界的白酒行业中占了一席之地，周菲觉得，第一要感谢祖宗的保佑。祖上给她们留下的最宝贵财富，就是真诚善良的性情与为人。周菲有一个原则，也是她和妹妹们保持高度统一的原则，富鑫的酱香白酒，绝对保证质量，绝不做那种投机、以次充好、坑害消费者的事情，这也是周菲认为的富鑫以后长期发展乃至壮大的重要保障。

第二个要感谢的，就是祖上留下的那份加了益母草的酿酒秘方。周菲认为，既然现在由她们五姐妹来做白酒，那么，她们就要想尽办法，把她们的白酒，做成从男人世界中脱颖而出的、独树一帜的女性白酒。

因为五朵金花，因为五姐妹，因为是五个女人做出来的白酒，“醉金花”之誉，便如此应运而生。2010 年，富鑫酒业在“五朵金花”的全面投入与努力下，越来越稳固壮大起来。此刻，茅台镇上租下的怀源酒厂，其生产规模已经不能满足日益增加的销售需求。这时候的周菲，又一次不知不觉地流露出她最典型的个性特点，她立即想到，富鑫酒业需要改变，改变现状，改变原有的模式，无论是企业、社会，还是人的思维，都不能停留在原地，只有改变，才会变得更高、更强。

富鑫酒业原本一直是在租来的怀源酒厂完成从制曲到包装出厂的全部过程，虽然，这是一个经历了 30 多年酿酒历史的老民营企业，历来有着很好的口碑。如今，新的历史时期到来了，周菲想着，要在坚持怀源酒厂老品牌老传统的基础上，再做更大的发展，那就必须扩大再生产，并且，对于富鑫酒业来说，是时候该拥有自己的厂、自己的地、自己的设备了。

求变求新，这是周菲追求理想、成就事业的原始动力，也是她从不停下脚步的原因。

2011 年，周菲选中了一处地方——贵阳市乌当区火石坡食品工业区，紧接着，五朵金花全体总动员，开始着手建设她们自己的酒厂。倘若三年前，你去过火石坡的那片荒芜山地，如今你再去看看，你会发现，一座有着浓厚的传统文化氛围和科学规划的现代化大型酿酒厂，已经拔地而起。整整三年，五朵金花终于建起了属于她们自己的厂区。

周菲虽然有着男人都比不过的魄力和勇气，但在具体规划中，她还是保持着审慎与周全的考虑。她把富鑫酒业公司的总部安置在贵阳乌当区火石坡这片绿色山坡上的巨大厂区里，可是原酒酿造基地，却依然设在酒都茅台镇上。那里有着独一无二的天然条件，应该说，是与国酒茅台同享得天独厚的自然条件。并且，经过这么多年的培育，怀源酒厂早已是目前茅台镇上著名的大型基酒生产企业。这里生产的基酒，长期为省内外各型企业提供优质基酒及调味酒。今天，富鑫酒业公司已发展为占地近百亩，拥有国内最先进的全自动流水包装线，员工200余人，年生产能力5000吨，固定资产达2亿元的新型白酒企业。而怀源酒厂，却还静静地安坐在茅台镇的那块宝地上，做着富鑫酒业的坚强后盾。

贵阳市乌当区火石坡工业园区的新厂建成后，周菲总是喜欢站在那片偌大的厂区里，看着属于自己的富鑫酒业，心里总会泛起微微的波澜。从接手怀源酒厂，将近20年过去了，富鑫酒业已今非昔比。倘若从原贵州仁怀市茅台镇怀源酒厂成立的时间算起，那就是30多年了。如今的富鑫酒业，已不是那个小小的民营酒厂；如今的周菲，也不是刚创业时那个在艰难求索中寻找一线生机的小女人。

有时候，周菲的脑袋里会有一些突发的奇想，假如当时她在做铝合金代理的时候，没有想到顺带销售茅台镇白酒，她就不会获得怀源酒厂需要寻求投资人的信息，那么如今，她会是一个什么样的人？假如当时她同意了中山老板的意见，撇下介绍人与他合作，那么如今的怀源酒厂，和自己还会不会有关系？假如当时，她在工人的工资都发不出的困境中放弃了，那么现在，她会不会后悔……

许许多多个假如，让周菲觉得，命运是多么叵测而又神奇。《成功学》中最经典的一句话就是——成功是不能复制的。假如人生可以重来一次，同样的选择，也许在不同的天时、地利、人和条件下，结果都会不一样。然而，《成功学》还有一句话是这么说的——性格决定命运。也就是说，当你拥有坚持不懈、勇往直前、永不服输的精神力量的时候，在任何不同的天时、地利、人和条件下，什么样的选择，最终都会让你走向成功。

“当然，‘人和’是最重要的，我有四个妹妹和我同甘共苦，这是我得天独厚的‘人和’条件。还有，对客户，对员工，对我们自己生产的白酒，我的原则就是，讲良心，这也是我们富鑫酒业的企业文化。所以，我们公司提出的口号就是——以争做‘贵州白酒十强企业’为发展目标，以‘感恩文化’为载体，以‘振兴黔酒，回报社会’为企业使命，把酱香白酒中的上好佳品奉献给消费者……”

说到这里，周菲的脸上露出了轻轻的笑意，那是一种发自内心的由衷地笑。此刻的她，仿佛就是那朵在绿叶丛中悄悄绽放的白色兰花，一阵阵似有还无的悠然香气飘逸而出，你分明感觉到了她的香气，却又遍寻而无从获知这香气自何而来。

也许，这就是周菲一直以来追求的境界，她愿意让自己去创造一个世界，然后，她让自己安静而泰然地藏进空谷，做一株“遇净土而生，不因无人而不芳”的幽兰。

• 金花档案Ⅱ：

周彬，金牛座。
最喜欢的花：梅花。
最喜欢的颜色：绿色。
最热衷的业余爱好：喝茶、旅游。
认为自己最大的优点：待人真诚。
认为自己最大的缺点：做事不够努力。
最喜欢哪个地方（城市）：西藏。
上学时最喜欢哪门课：语文。
如果再来一次人生，你最希望做什么职业：老师。
如果出生时可以选择自己的性别，你愿意做男孩还是女孩：女孩。
近期最大的愿望是什么：富鑫酒业发展更好。
未来最大的梦想是什么：家人健康幸福。

相比大姐周菲，周彬更显贤淑与安静，她的穿着打扮风格，是五姐妹中最具淑女范儿的，她爱穿裙子，各种各样的裙子，休闲连衣裙、简约直身裙、职业套装裙，有的清淡素雅，有的高贵凝重，这让她本就高挑的身材更显亭亭玉立。倘若走在大街上，一眼看去，她就是一个贤良、美丽，养尊处优而又有着良好修养的都市女性。

当五姐妹坐在一起喝茶闲聊时，周彬总是说话最少的那一个。她的性格有些内向，这让不熟悉她的朋友觉得她有些难以接近。但这一切，并不影响她成为一个讲求效率的践行者。当人们发现富鑫酒业的新厂区在贵阳市乌当区火石坡拔地而起时，几乎人人都要对周家五姐妹的胆略魄力和工作效率感慨一番。可是几乎没有人知道，二姐周彬，在新厂区的建设中，担负了基建的全部物资采购工作，因为，她是富鑫酒业公司的物资采购部经理。

然而，过去的周彬，只是在一家纺织企业里做一名工人。事实上，那不是她的理想，但是那时候，家里条件比较困难，姐妹又多，作为二姐，周彬承担了很大一部分的家务。也是因为她有一双巧手，能打一手漂亮的毛衣，还会绣花，妹妹们小时候穿的毛衣毛裤，都是二姐给她们打的。中学毕业之际，当周彬面临继续升学还是上技工学校，寻求一份工作的抉择时，她决定，选技工学校，她希望自己快快工作赚钱，替家里分担一些经济负担。可是，选什么专业呢？

这时候，一家之长的周爸爸说话了：“但凡是个人，都是要穿衣服的，所以，选纺织技校吧，以后分到纺织厂工作，稳定，永远不会没饭吃。”

周彬是个乖乖女，孝顺而又听话，父亲的指示，她完全照办，于是，周彬选择了纺织技校。三年纺织技校毕业后，周彬顺利地进入纺织厂，成了一名三班倒的挡车工。

即便在并非理想的岗位上工作，周彬依然是一个积极上进、勤恳努力的好工人。在纺织厂工作的那几年，她获得了数不清的奖状，操作能手、三八红旗手、操作比赛优胜者的称号冠以她年轻的名字之上。

20 世纪 90 年代后期，大姐周菲开始走上白酒酿造的创业之路，周彬会在上班之余，帮大姐干一些杂活。那时候的大姐，真正是辛苦啊！最艰难的时候，大姐只能借钱来请客户吃饭，卖掉首饰给工人发工资。周彬看在眼里，心里暗暗地替大姐担忧，同时，她也觉得，还是在纺织厂工作稳妥，虽然挣不了大钱，但也不会有太大风险。

那时候的周彬，无论如何不会想到，决心一辈子做纺织女工的自己，有朝一日会成为富鑫酒业公司的副总经理。当然，她也没有想到，被父亲认为最稳妥、最不愁没饭吃的纺织业，也发生了颠覆性的改变。

2008 年，富鑫酒业开始走上复苏之路，销售越来越好，公司业务越来越繁忙，而全国各地的纺织企业，也纷纷走向衰落。那一年，周彬终于放弃了她的纺织女工身份，进入大姐的富鑫酒业公司，从此开始了完全不同于以往的工作与生活。

说起现在的工作，周彬总是笑着回答心生好奇的朋友们："赶鸭子上架，没办法，大姐让我负责这一块，我只能硬着头皮上。我哪里懂什么基建啊，采购啊！全部都是一样样学起来的。"

周彬说得很谦虚，但事实上，富鑫酒业的每一块砖、每一盏灯、每一担红高粱，都要经过她的手，市场调查、货比三家、精心选择乃至拍板购入。周彬必须让每一笔付出物有所值，她必须在控制成本和保证质量的权衡下做出最优的抉择。富鑫酒业公司新厂区建设过程中，周彬的任务尤其繁重，跑建材的活全是她的，什么下水道管、井盖、配电箱，起初她连去哪里买这些东西都不知道，只能到处找，到处问，拿着图纸去建材市场，对照着一样样买回去……最后，厂建起来了，周彬也成了一个建材专家。

有时候也会吃亏，可是周彬的宗旨是，吃一堑，长一智，以后就明白了，有经验了。说这话时，周彬微微笑了笑，笑得安静而恬然。看起来，她依然是多年前的那个有着一双巧手的听话的乖女孩，几乎没人能看出来，现在的她，已经是一个在商海里浸润多年的踏浪者。

从接手一份完全陌生的工作，到如今的得心应手，周彬那种安稳而又不急不躁的性格，让她的蜕变显得不动声色，似乎，这个金牛座女性很适合这份对于富鑫酒业来说举足轻重的工作。

倘若问周彬，现在的工作让她得到的最大收获是什么？她会带着欣慰的微笑，甚而略微有些得意地说："做生意与做人一样，要以真诚为本，那样才会成功。过去我从没这么想，这是我到富鑫之后才明白的道理。”

是啊！每一位与周彬合作的伙伴或者客户，无论起初多么刁蛮，多么老谋深算，几次交道打下来，最终都会被她的真诚感动。有一些客户，起初开出了很苛刻的条件，导致生意谈不成，可是当他们在外面兜了一大圈后，最终几乎都会重新回来找她，愿意和她做生意。其实，这也是五姐妹共同的特点，在她们各自负责的领域里，她们遇到的都是这一类令她们感到自豪的故事，因为，那些意欲与他们合作的商家客户，总是在通过比较之后发现，五姐妹的善良、正直，甚至简单的性格，以及她们发乎天性的真诚的为人，在如今的商界已是十分难能可贵，这样的合作关系，才是安全与长久的。

业界之外的旁人，总是对五朵金花的成功难以理解，姐妹五人做白酒企业，要做成，得有多难？要做大、做强，那更是几乎不可能，除非……有些人，甚至想到了不堪的方面，似乎，女人要成功，必须出卖人格、灵魂，乃至色相。然而事实上，五朵金花的成功，最根本的诀窍，就在于——真诚！

“人们不知道，女人在男人堆里要站稳一席之地的难度，我们都是咬紧牙关挺过来的。了解富鑫酒业历史的人都说，我们姐妹五人简直比男人还男人。事实上，不是我们不温柔，而是没有人挖掘出我们的温柔。”说这话时，周彬捏起一颗绿色的山葡萄送进嘴里，轻轻一抿，笑而不露齿，那样子，真正是美极了，温柔极了。

做一个生意场中的女强人并非周彬的梦想，可她依然很认真地做着命运安排给她的任何一份工作。从三八红旗手的纺织女工，到如今的富鑫酒业副总经理，她的性格中有一种温和的坚持，做事认真，是她最显著的特点，可她还是认为自己最大的缺点，就是做事不够认真。事实上，那只是她对自己抱有更高的期冀，而这一切，也体现在了她对儿子的期望上。如今，她那 23 岁的儿子，也已经是富鑫酒业第二梯队中的重要力量，主攻销售。

“其实，我更希望他能做一个知识分子，或者说，读书人。可是孩子大了，有自己的爱好和选择，我不能左右他，只希望他不放弃学习，有机会，我希望他可以再去读书深造。”

这又与周彬自己的梦想不谋而合，如果再来一次人生，她认为，她会选择做一名老师。

说起周彬最喜欢的花，她说梅花。不过，她想了想，又说："其实，我喜欢所有清雅的花，包括大姐最爱的兰花。我说的梅花，不是春天开的那种红梅，而是腊梅，冬天开的，不张扬、不艳丽，有淡淡香气的小黄花。不是有这样一句诗吗？'冰雪林中着此身，不与桃李混芳尘。'我喜欢的，就是梅花的脱俗。"

此刻，周彬正驾驶着她的奥迪小车，行进在贵阳市区往火石坡厂区的蜿蜒山路上。车窗外，绿意葱茏的山坡和森林快速掠过，周彬轻轻地诉说着自己最喜欢的花儿，眼睛，却专注地看着前方的路，面容保持着一如既往的清雅和宁静。

• 金花档案Ⅲ：

周娴，双鱼座。
最喜欢的花：野百合。
最喜欢的颜色：绿色。
最热衷的业余爱好：饮茶。
认为自己最大的优点：忘性快。
认为自己最大的缺点：性格急躁。
最喜欢哪个地方（城市）：广州。
上学时最喜欢哪门课：语文。
如果再来一次人生，你最希望做什么职业：茶人。
如果出生时可以选择自己的性别，你愿意做男孩还是女孩：女孩。
近期最大的愿望是什么：安定。
未来最大的梦想是什么：开一个茶庄。

三姐周娴坐镇人事财务部办公室，不断有电话进来，来客或者下属也会时不时进来打扰她，办公桌上还摊着一些需要她审阅的文件以及正在实施甚而未来需要去完成的工作计划……周娴有条不紊地做着每一件事，忙了一阵，稍得空闲，便煮一罐火石坡地下深井里抽上来的山泉水，水开了，泡一壶好茶，然后，一边喝茶，一边静静地读一会儿自己喜欢的书，这是周娴在繁忙的工作间隙最大的享受。

周娴很少聊到自己的工作，她更愿意给人留下的印象，即是一个“清寂的茶人”。在她的办公室里，摆着两只大大的书柜，里面陈列着很多书籍，并非做装饰用的精装书，而是一些装帧样式都很普通的书，细看书名，你会发现，她的书籍主要有三大类，古玩家具类，民俗工艺类，茶酒文化类。这三类书籍，恰是反映了周娴最为钟情的生活内容。

周娴曾经上的是幼儿师范学校，但她在幼儿园里只做过不到一年的实习老师，她说，她挺喜欢孩子，可是依照她急躁而冒失的性格，她是不适合做老师的，尤其是幼儿园老师。幼儿教师需要极大的耐心和细心，去陪伴孩子们的成长，她觉得，她不具备做一个优秀的幼儿教师的综合条件，她喜欢过自由自在的生活，或者，做某种更具创造性的工作，比如，做一个清净悠闲的茶人，或者，工艺设计之类。这一点，周娴与大姐周菲有着性情上的类似之处。所以，幼儿师范毕业以后，周娴没有让自己顺理成章地做一名幼教老师，而是踏上了远行广州的路。

在广州，周娴度过了十多年青春岁月，她在那里找到了归宿，成了家，并且，拥有一份家居创意设计的工作。2008 年，大姐周菲的酒业公司开始呈现良好的发展势头，父亲和大姐都想请周娴回去，到富鑫酒业帮着一起干。

起初，周娴犹豫极了。虽说广州的那份家居设计工作并不十分景气，但要丢下付出过那么多心血的工作，还要与广州的爱人做一次不知道多么漫长的分别，周娴实在是有些难以割舍。可是大姐的一句话，让她不禁为之感动而又心动，大姐说："回来吧，我们姐妹在一起，有饭吃饭，有菜吃菜，拧成一股绳，才可以干大事。"

而父亲的一声召唤，更是让周娴终于下定决心，义无反顾地踏上了回程。

2009年5月，周娴离开等同于第二故乡的广州，只身回到贵阳，回到了父母、姐妹的身边。很快，她就开始投入富鑫酒业的工作。彼时，正值富鑫酒业新厂区的建设初期，大姐给周娴定的岗位是人事财务部经理。一上来，就安排给她许多任务，周娴一看，那可全是令她头皮发麻的麻烦活。虽然挂的是人事财务部经理的头衔，但是基建时期，她更多的工作是要为建设工厂办理需要的各种手续、证件，她要打交道的，很多都是政府的各大管理部门，无休止地周旋于工商、税务、消防、卫生、食品监督等部门，所有的事情都不是她这个"茶人"可以独自搞定的，她必须"求人办事"。

周娴最不喜欢做的就是求人的事，可是新厂区的建设要顺利完成，就必须办成所有的手续，办出所有的证件、证书，缺一不可。不喜欢求人的周娴，必须求人。一开始，她真的太不习惯这种工作方式，可是时间久了，她发现，不管是二姐，还是四妹、五妹，每一个人的工作，都很难，都不是轻易可以对付过去的。于是，周娴逼迫自己，沉下心，不急躁，一件件工作去做，一种种手续去办，一个个部门去跑。既然大姐委以重任，既然自己抛下广州就是为了帮大姐，那就一定要把事情做好，否则岂不是对不起自己那么多的舍弃？

那段日子，因为工地上到处都是泥浆，施工队正在作业，姐妹们连歇脚的地方都没有。她们就让施工队在工地上搭起一个木板棚，就在现场办公。周娴在自己的车上放一只安全帽，一双套鞋，不断地在政府部门与工地之间来回跑。

周娴的努力投入给她带来了回报，一段时间后，与她打过交道的人，都觉得富鑫酒业的小周是个很不错的姑娘，不仅性格开朗、为人仗义豪爽，还特别能干，办事有分寸，做人也好。连政府部门的工作人员，也为周娴的人格魅力所折服，遇到她来办事，总会特别热情地接待她，甚至还会主动帮助她，替她想办法把要办的事更快、更顺利地办完。

几乎所有人都认为，周娴是一个非常能干，还很愿意把自己的快乐情绪传递给别人的人。然而，没有人知道，其实周娴豪爽开朗的外表之下，藏匿着一颗敏感、细腻，甚而淡淡忧伤的心。

五姐妹之中，唯有周娴没有孩子，大姐周菲和二姐周彬各自有一个儿子，这两个帅哥如今都已是20多岁的帅哥，四妹和五妹分别有一个儿子和女儿，这两个孩子，正在念幼儿园。周娴很喜欢她的四个外甥，当年在她初中毕业的时候，父亲让她选择幼儿师范学校，她二话没说就去读了。可是现在，她既没有从事幼儿教育的工作，也没有一个属于她自己的孩子。命运就是这般吊诡，有时候，梦想与现实之间的距离很小，小得只是一层隔膜，有时候却又很大，大得如同始终行走在这条路上，却不知路的尽头究竟是何方。

自从回到贵阳，周娴就与远在广州的爱人过着两地分居的生活，时间久了，彼此的感情似乎有些淡漠。周娴没有力图改变现状，甚至，她也并没有对家庭面临的危机表现出些许的遗憾，她说："女人离开男人，会过得很好，可是男人不行。大姐就是一个典范，直到现在她还是一个人……"

也许，并不是果真没有丝毫遗憾，而是，周娴历来特立独行的性格，让她不愿意轻易流露她的遗憾。周娴经常戏称自己是"孤家寡人"。从20多岁离开广州，一直到2009年回到贵阳，其间这些年，她一直远离故乡，"生活在别处"。她说："总结起来，我觉得，我的人生其实蛮漂泊的。听着有些辛酸，可是，要是让我再次选择，我还是会选择孤独。”

也许是在五姐妹中处于最中间的位置，上有两个老练成熟的姐姐，下有两个幼小娇嫩的妹妹，周娴生来就比姐妹们更加细腻、敏感，她总是试图把自己呈现得更加独立。然而，这个看似坚强、淡定、孤独的女子，还是会在不经意间流露出双鱼座女子天真浪漫的情怀。学生时代，她就喜欢读琼瑶小说，喜欢看那些催人泪下的爱情故事。后来，她喜欢上了张爱玲、苏青，还喜欢林清玄的散文、李清照的词。这些爱好，都在她这个文艺青年身上表现得显然而突出。

关于自己的感情生活，她却有些逃避主义的倾向。她说：“在感情上，我觉得自己比较失败，想得到的爱人得不到，这是比较痛苦的事。”

20 岁的时候，周娴拥有了她的初恋。有一天，小情侣约会结束后，男朋友送她回家，很不幸，他们的行迹，竟被父亲发现了。听到父亲喊她的名字，周娴腿肚子都发软了。父亲的管教太严厉了，他怎能允许女儿和一个野小子单独在外面逛街？周娴不敢反抗，也没有胆量继续把初恋进行到底。于是，初涉恋爱的周娴只能终止这段并不长久，却让她刻骨铭心的爱情之旅。

也许，得不到的才是最好的，因为，最美好的爱情，都是留给想象的。周娴这么说的时候，有些自嘲。可是谁又能体会，一个聪慧而敏感的女子，往往更容易多愁善感。而周娴，总是把她的多愁善感隐藏起来，她愿意以乐观豪爽的样子示以他人。

周娴说："我小时候很倔强，不能理解爸爸。现在回忆起来，反而觉得，爸爸其实是对我好。有一次，不知道为什么事，爸爸骂我，我觉得很委屈很冤枉，于是不吃晚饭就去睡了。第二天早上，爸爸很早就起来了，做好早点，我上学去时，爸爸把早点给我装好，叫我带上……现在想想，其实爸爸对我们，很用心。"

说到这里，周娴霎时红了眼圈。父亲已经在天堂里，假如有在天之灵，他会怎么看待三女儿如今"孤家寡人"的生活？

当人们羡慕周家五姐妹能把事业做得这么大，这么成功的时候，他们并不知道，五朵金花，也有着平凡女人最普通、最柔软的需求。对此，周娴是这么说的："很多人羡慕我们姐妹，可是在我看来，别人唾手可得的幸福，却离我十分遥远。其实我更愿意过的，还是清净而远离喧嚣的生活。”

她似乎有些悲观，可是，这也是一个天性敏感的女子在繁忙的工作间隙，静下心来回忆过往、审视现在、眺望未来的理性思考。周娴认为，既然孤独是个解决不了的问题，那么就做一个“清寂的茶人”。她是一个能够忍受寂寞的人，或者，根本就不能叫忍受，对于她，那应该叫享受。

她是一个能够享受寂寞的人，她不需要别人陪伴，也可以把生活安排得行云流水、山青水绿。工作以外的时间，她会看书、喝茶，当然，在泡茶前先燃上一炷香。

在周娴的生活中，喝茶是必不可少的。在她的办公室沙发前的茶几上，摆放着一套多种材质组合而成的功夫茶具，光茶壶就有大小不同的三把，茶盅有紫砂的、粗陶的、细瓷的，另外，茶盘边的紫砂钵里，还养着两头“茶宠”貔貅。

周娴说：我是一个浮躁性急的人，可是泡茶的过程中，我会变得很耐心。从烧开一壶山泉水开始，一直到把喝完的茶渣倒进紫砂钵，用来养“茶宠”，这整个过程很磨练人。

自命“茶人”的周娴，对泡茶的整个程序，以及每一个细节都有严格的要求，甚至什么天气泡什么茶，什么茶用什么盅都有讲究，这又是她性格中倾向于完美主义的特点。

除了泡茶喝茶，周娴还喜欢收藏茶具，淘淘旧货，她个人收藏有 100 多把茶壶，其中还有一两把清代的古董。她还喜欢赏画作诗，那把折扇上的题诗，是她闲时的创作：秋入碧山青，落雾绕轻悠。雨过翠竹青，石溪隔藤鸣。山花解人语，雀鸟觅食忙。更有岩风送，共君醉醒然。

大多时候，当一天辛苦工作结束，姐妹们都回市区的家了，周娴却独自留在火石坡的厂里。傍晚时分，她总是一个人溜达到厂区后面的山上，采一束野花回来插在办公桌上的玻璃杯里，或者摘几个野生菌回去做一碗汤。晚饭后，她给自己安排的节目，照例是燃香、泡茶、读书……这就是她现在的生活——安静与繁忙兼具，丰富与孤独并存的生活。

倘若问周娴，未来最大的梦想是什么？她会毫不犹豫地说：“开一个茶庄，茶庄里有书，有收藏，有美食，当然，来喝茶的人，都是同道中人，谈谈小说，欣赏一下收藏和字画，只为性情，不为赚钱。”

这就是周娴的梦想，简单、平凡，还带着略微的不羁，一如她最爱的花儿——野百合，自然、随性，却不失妖娆，一如她近乎完美主义而又桀骜不驯的自我解读，她说：绿茶鲜嫩，要用柴窑烧出的粗紫砂茶壶泡茶，用粗陶茶盅喝茶；她又说：“泡一壶茶，青瓷、香坛，这氛围，可以用一个词‘静好’来形容，我最喜欢。”她还说：“有时间我还想学古琴，如果让我选择，我就过这样的生活，弹琴、喝茶、读书，做一只闲云野鹤。”

• 金花档案Ⅳ：

周颖，天秤座。
最喜欢的花：再来一朵百合也无妨。
最喜欢的颜色：绿色。
最热衷的业余爱好：旅行。
认为自己最大的优点：真诚。
认为自己最大的缺点：不认真。
最喜欢哪个地方（城市）：贵阳。
上学时最喜欢哪门课：体育。
如果再来一次人生，你最希望做什么职业：农场主。
如果出生时可以选择自己的性别，你愿意做男孩还是女孩：女孩。
近期最大的愿望是什么：富鑫酒业真正壮大。
未来最大的梦想是什么：希望家人平安团结。

五姐妹中，四妹周颖长得最像父亲，五官、脸庞，都透露出一股虎虎的英气，连性格都像男孩子，姐妹们都说，四妹从小就最顽皮。也许，对于周爸爸而言，这个四女儿，他就是把她当成男孩子来养的。

老三周娴出生后，周妈妈开始犹豫，已经生了三个女儿，夫妻两人的收入加起来，养活三个孩子已经很拮据，再生，生活就更困难了。可是周妈妈又是一个贤惠温良的女人，身上有着最传统的中国女性的特点，她相夫教子，任劳任怨，她也很想满足丈夫的心愿，要是能再生一个儿子就好了。

当年，父亲周荣坤做梦都想要个儿子。军人出身的周荣坤是个性格特别刚强的男人，作为一家之主，他希望拥有一个儿子，那样，他就可以亲手把儿子培养成他理想中坚强、勇敢的男子汉，他觉得，只有儿子，才是他真正的生命延续。然而，一个接一个女儿出生了，这让他既高兴，又遗憾。高兴的是，如花似玉的女儿们使他这个做父亲的感觉到了温暖和贴心，遗憾的是，期盼已久的儿子却迟迟不肯降临他的家。

不知不觉，周妈妈又怀孕了。十月怀胎，充满希望的周爸爸周妈妈迎来了他们的第四个孩子。四妹呱呱坠地的一瞬间，周妈妈听见婴儿嘹亮得超过前面任何一个女儿的哭声，心里暗喜：这么个大嗓门，一定是个男孩了。可是，随即她就听到了医生的声音：“恭喜啊！是个千金……”

周妈妈刚提到嗓子眼的心，一下子跌到了谷底，她想：又是个女儿，又要让他失望了。

周爸爸的确觉得失望，但既是自己的孩子，那么，不管是女儿还是儿子，都是自己的骨肉。军人出身的周爸爸有着很强的承受力，这个强大的男人表面看起来一点都没什么不高兴，尤其是，当他看见那个襁褓中的婴儿的时候，男人威武的脸上竟露出一丝欣慰的笑意。说实在的，四妹的长相，太像自己了，他看着这个小小的婴儿，心里想：这哪是一个女孩儿的面相，分明是个男孩子嘛！

周颖的确长得太像爸爸了，大眼睛，浓眉毛，略带方形的脸庞，眉眼间带着股英武的气息。日后，在四妹的成长中，周爸爸对她的态度，便是仿佛对一个男孩子那样，心里喜爱，面上又异常严格。这四妹周颖，竟也果然出落得像个男孩子，最顽皮、最野、最豪爽。

周颖是姐妹中最早跟着大姐一起工作的，在富鑫酒业新厂区的建设中，四妹夫出了很大的力，如今，他们夫妻依然在富鑫酒业承担了最为重要的工作。而周颖，更是因为早早跟着大姐涉足酒业，便担起了责任重大的销售部工作。面对客户，她总是瞬间把自己变成一个“女汉子”，端起酒杯，一仰脖子，豪爽以及魄力，亦是客户们对销售经理周颖的印象。可是，为了多销售一瓶酒，周颖在客户面前生生灌下了那么多白酒，又偷偷地跑到无人处，把喝进去的白酒吐出来，那会儿，她独自一人流下的眼泪，又有谁能看见？

当五姐妹一起到车间、储罐区、酒窖去巡视时，周颖总是走在第一个，她一路开电梯、开灯，手里拿着一大排钥匙，打开酒库大门，率先走进那一眼望不到尽头的上千个储酒罐之间，一眨眼，钻进深处，不见了人影。

那些大陶罐里，装着“醉金花”原酒，那可是价值连城的宝贝啊！然后，当姐妹们一个个从车间仓库里往外走时，周颖又会出现在队伍的末尾。她要关闭电源开关，锁上门，然后紧走几步，跟上姐妹们。问她：“你怎么像个大总管？”

她嬉笑着说："我怕鬼，我从小怕鬼，所以我要每个角落都检查一遍才放心。"说完，自己先哈哈大笑起来。她不说自己已经习惯于做这些杂活，也不说自己有着更大的责任心，她用玩笑的方式掩饰自己男孩般豪爽的外表下的些许属于女孩的羞涩。

她究竟还是个女孩，倘若问她，出生时可以选择自己的性别，你愿意做男孩还是女孩？她的回答，竟还是女孩。不过，这个女孩有着一颗很大的心，一颗带着童趣的、跃动的心。她希望自己能够做一名农场主，她最喜欢的业余活动就是旅游，还有，学生时代，她最喜欢的课程是体育。

当被问及最喜欢什么花的时候，周颖的回答更是可爱。她对着三个姐姐和一个妹妹说："你们都喜欢什么花？有没有喜欢百合花的？"

三姐周娴说："我，我喜欢野百合。"

周颖一拍巴掌："再来一朵百合又何妨？不管是野生的还是家养的，反正我喜欢百合。"

众姐妹哄然而笑，周颖也咧开嘴笑起来，笑得如同一个天真无邪的小男孩。

• 金花档案V：

周肖瑶，巨蟹座。
最喜欢的花：雏菊。
最喜欢的颜色：蓝色。
最热衷的业余爱好：逛街。
认为自己最大的优点：心细。
认为自己最大的缺点：急躁。
最喜欢哪个地方（城市）：广州。
上学时最喜欢哪门课：数学。
如果再来一次人生，你最希望做什么职业：设计师。
如果出生时可以选择自己的性别，你愿意做男孩还是女孩：男孩。
近期最大的愿望是什么：家里所有人健康、平安、开心。
未来最大的梦想是什么：家里所有人健康、平安、开心。

周妈妈怀上五妹周肖瑶，纯属一个意外，时间已经过到了1976年底。那时候，“四人帮”刚粉碎，中国还刚进入黎明的一瞬间，国家开放和经济改革的时代还没有到来，人民的生活还很艰苦。37岁的周妈妈却意外地怀孕了，此时，周爸爸不无担忧地想：这第五个孩子要是生出来，家里就又要多一张嘴，夫妻两人的工资加起来也就百十来元，要养育五个孩子，供她们上学，直到她们长大成人，有多难啊！

可是，周爸爸看着四个女儿，心里又犹豫起来，如果，如果这第五个孩子是男孩呢？这么想着，周爸爸终于下了决心，还是生下来吧。总之，不管男女，都是最后一个孩子，无论如何不能再生了，如果命运让他只能拥有女儿，那他就认命了。

第五个孩子出生了，果然又是一个女孩，周爸爸终于断了想要一个儿子的愿望，他给五妹起名周群，三五成群，五个女儿正好组成一个群体。就这样，五妹终结了周爸爸的儿子梦，她跟在四个姐姐的后面，为父母生孩子的历程画上了一个句号。

五妹要报户口了，母亲肖开瑜却有了自己的心思，她对周爸爸说：“已经有四个女儿姓周了，五妹是不是可以随我的姓？”周爸爸看了周妈妈一眼，想了想，说：“不要争了，她还是姓周，就叫周肖瑶吧。”妈妈笑笑，也同意了。于是，五妹改名叫周肖瑶。

五妹周肖瑶有很多不同于四个姐姐的特殊之处，第一，五姐妹中，唯独她的名字是三个字；第二，大姐二姐和四姐都生了一个儿子，而她，生了一个女儿，所以，她的女儿，是她们家第三代中的唯一一个女孩；第三，倘若可以决定自己的性别，四个姐姐依然愿意做女孩，唯独她，想做个男孩。

从小，五妹周肖瑶的身体就比较弱，因为母亲怀她的时候已经 37 岁，这个孩子先天不足，所以长得比较瘦弱，到了该走路的年岁，还不会走。可是这个孩子似乎要比四个姐姐都细心，小时候，爸爸要出差，妈妈要上班，家务活由大姐和二姐承包，三姐、四姐总是和同学混在一起玩，小小的她，便被父母当成了小管家，姐妹们的伙食费，总是由她保管。她也从来不营私舞弊，总是牢牢地管着那笔小得可怜的资金。

她说：“我胆子小啊！不敢给姐姐们钱花，怕爸爸回来骂。”

这个胆小的女孩，却也有着自己的追求，20 岁出头，她就想与三姐一样，离开家乡去广州锻炼锻炼自己。可是因为身体太弱，父亲母亲无论如何不答应。女孩的心插上了翅膀，又有谁能阻挡她飞翔的渴望？在大姐周菲的支持和安排下，周肖瑶终于踏上了去广州的路。

在广州学习、工作了一段时间，她又辗转来到上海，进入一家广告公司做设计。直到 2008 年下半年，因为大姐的召唤，她才回到贵阳，加盟富鑫酒业。如今，这个当年胆小怕事的女孩，已经是富鑫酒业公司的仓储物流部经理。

五姐妹中，当属周肖瑶最是心细，姐姐们什么时候外出工作，什么时候又回到了贵阳，大姐的富鑫酒业公司是什么时候注册的，别人都只能说个大概，她却连具体日期都记得很清楚。说起她的小女儿，这个四岁的孩子，生在这样一个大家庭中，有四个姨妈、三个哥哥疼爱，便也最是受到娇宠。关于女儿的未来，周肖瑶有着现代女性时尚而又理性的观念：很多父母望子成龙，其实是把自己的希望寄托在孩子身上，我不会对孩子希望太多，我只愿她快乐，自然成长。

那么，假如可以选择自己的性别，又为什么希望自己做个男孩？

被问到这个问题，周肖瑶沉默片刻，而后答道：“爸爸一直想要一个儿子，可是直到我出生，都一直让他失望。爸爸不在了，假如家里有一个男人，也许会不一样……”

这就是周肖瑶的遗憾，她有一种隐藏在内心的愧疚感，虽然身为男孩还是女孩，这并非她的意愿所能决定，但她依然希望自己能遂了父亲的心愿，更希望自己能够为这个如今只剩下女性的家庭，多一双男人的肩膀，承担一份男人应该承担的责任。

周肖瑶说，她最喜欢开在野外的那种雏菊，一蓬蓬地生长，生命力很强，虽然每一朵都很小，但开花的时候，像雪花一样，一片片、一朵朵聚集在一起，整个世界都变得美极了。

这就是小雏菊一样的五妹，这个与四个姐姐有诸多不同的小妹妹，一边享受着只有她才拥有的幸福，一边祈祷：

“家里所有人健康、平安、开心。

家里所有人健康、平安、开心。”

这就是周肖瑶的愿望，并且，这是她近期以及未来，长久的、最大的愿望。

用坚韧的桨划起理想的船

贵阳市乌当区火石坡的新厂区，一栋崭新的办公大楼内，五姐妹的办公室分布在第六层的整个楼面，她们分别拥有属于自己的办公室。大姐周菲，自然是董事长；二姐周彬的办公室门口，挂着“物资采购部”的标牌；三姐周娴在“人事财务部”办公；四妹周颖的办公室门口写着“销售部”，因为大多数时间她要出差谈生意，或者在会客室接待客户，销售部办公室里，通常看不见周颖的人影；五妹周肖瑶，占据着“仓储物流部”办公室。

一目了然，这是一家女人当道的酒业集团公司，然而，用董事长周菲的话来说：“女人做事业，太累太累了，尤其是白酒行业，更不是女人能轻松做下的。” 这是周菲经过这么多年的打拼之后最深刻的体会，也使她对未来抱以更加紧迫的忧虑。

多年来，白酒业起起落落，顺境和逆境交替呈现，周菲经历了这么多年的艰辛与困扰、欣慰与喜悦，便不敢轻易地认为自己已然成功。当问及近期的梦想时，周菲的回答是："富鑫酒业能摆脱困境。"

换言之，周菲并不觉得如今的富鑫酒业是处于顺风顺水的顺境中，也不觉得富鑫酒业已经发展成了她心目中真正强盛壮大的酿酒实体。如今，白酒业更是处于前所未有的低谷和整合期，万难之时，五姐妹承受着巨大的压力，面临着各种各样的考验，作为五姐妹中的大姐，周菲更是每一刻都不敢放松紧绷的神经。在男人当道的白酒行业中，这五个女人该如何撑起她们的一片天空，如何站稳她们的一方土地？这是周菲，也是五姐妹正在面临，甚而将要长久面对的问题。

在人们的传统观念中，白酒，的确不是女人能轻易涉足的行业。男人可以敞开胸怀豪饮，可以乘酒假气、醉生梦死、纸醉金迷，可以饮酒自醉、借酒浇愁、嗜酒如命，甚而可以醉翁之意不在酒。中国历代男权社会延续下来的观念，让人们可以轻易地原谅那些酩酊大醉或者烂醉如泥的男人，却不能允许和容忍女人的"擅饮"。虽然时代已经进步，男女近乎早已是平等了，但一经说起女人饮酒，人们的口吻抑或话语背后，总不免带有一些揶揄或者非贬义但也绝不是褒奖的意思。女人喝酒，是一件微妙甚而暧昧的事情，这也是以白酒为事业的周家五姐妹需要承受的最大压力和挑战。

“年少时感觉不到，凭着一股子冲劲，认为自己可以和男人一样做事业。可是入了白酒行业，我才明白，‘妇女半边天’的说法是多么经不起推敲。”周菲说。不久前，周菲和四妹周颖一起到山东去洽谈一单合同。山东人大多热情好客，并且，因为是有关白酒的业务，与她们姐妹洽谈工作的人，大多是男人。

到了山东，客户就与周菲、周颖两姐妹在酒桌上开始了较量。四两一杯的白酒，一口干，周颖一口气干掉了三杯。乘着上洗手间，周颖硬是把喝下去的酒吐出来，直吐得泪水横流。可是，吐完后洗洗干净，走出洗手间，周颖那张带着些许男孩气的脸上，又露出明亮的笑容。回到酒桌上，她继续与那些男客户“把酒论天下”，就这样喝了再吐，吐了再喝……这一单生意，果然是谈下来了，可是那晚回住处后，把自己喝得不省人事的周颖哭着对周菲说：“大姐，以后我们能不能不做酒了，做什么都行……”

周菲抱着四妹，眼泪夺眶而出。

这就是为什么不管是大姐周菲还是四妹周颖，她们未来的梦想，都与“酒业”几乎无关。她们或者只是想做一个在温暖的家庭中只关心柴米油盐的主妇，或者是想做一个单纯、勤勉、自由的农场主。酒这个行业，让周家姐妹的生活变得复杂而艰辛。

“可是，已经上了这条‘贼船’，下不来了，无论如何，我们要在风浪中继续向前航行。”这是周菲的原话，她一边说，一边笑起来，爽朗的笑声里，无以阻挡地流露出些许自嘲与无奈。她没有再提及别的故事，四个妹妹与她一起，承受着一切对女性在白酒业乃至所有行业中别样的目光和待遇，坚强、坚韧地继续以笑容迎接每一位爱酒之人。这是一份责任，放不下的责任。

事实上，在全中国的白酒行业中，一千个老板，其中也许只有一个是女性，并且，这一个女老板的背后，一定有着众多的男性在帮助她，支撑着她。可是富鑫酒业，却完全是由周菲一个女老板，加上四个女副手，清一色的女性创建和管理的酒业集团。

2014 年，白酒行业遭遇前所未有的重创，茅台镇上的酒厂，95% 已经停产，投资酒厂的老板纷纷落荒而逃，因为，生产酱香酒的投入是极大的，5 年才能出厂的生产周期，必须存有大量原浆酒的生产特点，使很多在销售中遇到困境的投资人陷入了巨大危机。破产的企业，甚至没有钱抵债，银行只能封掉酒厂的存酒。同样，富鑫酒业也遇到了从未有过的压力，全国四万多家白酒企业，如今只剩下不到一万家，也许，接下去会有更惨烈的竞争，承受的压力也会更大。如何让富鑫酒业生存下去？甚而，只是生存下去，那是远远不够的。当你把自己的目标定位为“生存”的时候，也许你就会被“死掉”，被淘汰。所以说，只有发展，才是硬道理。这是周菲的理念，这个每天都在忧虑自己的酒业公司的前景的女董事长，同样有着高远的目光、站位，以及超越凡常的思考。

其实，酱香型白酒，是贵州乃至中国的酒文化瑰宝。周菲说：“为什么只有在贵州才能做出这种独特的酱香白酒？这是与黔文化有着密切而渊源的关系的，所以，我们富鑫酒业现在更注重开发黔文化以及酱香酒文化，更着重于文化与我们醉金花酒之间的关系的挖掘。”

喝酒不是为了买醉，喝酒更是一种贴近、走进中国传统文化的方式，对于个人来说，也是一种修身养性、寄托怀想、抒情表意的方式。中国是白酒的生产大国、消费大国，中国的文明史上，酒文化是不可或缺的一页。如此灿烂的酒文化，怎可让其淹没和消弥在当代人粗鄙的觥筹交错中？任何物事，如果只停留于物质与肉体的感觉，那是得不到留存以及发展的，人类社会从古至今，只有以文化与精神的名义存在的物事，才能青春常在，才能被历史永远记得。酒，亦正是如此。周菲的目光绝非短浅的“赚钱”，她是一个有着非凡而远大的理想的女人，用文化酿造理想，理想才能得以变成现实。

周菲说：“我的理想很丰满，我现在努力要做的是，让现实不骨感。这么丰满的理想，的确不是我们五姐妹全身心投入就能完成的，而是要靠一群智慧的人一起去完成。这是我现在要做的另一件大事，我们希望集众人之力，让富鑫酒业有所突破，完成更好的转型。家族企业毕竟是狭隘的，好比近亲联姻，不利于生生不息的繁衍与壮大，所以，接下去我们要做的一件大事就是，以‘醉金花’为引子，吸引100个对酱香白酒有兴趣、有梦想的股东，联合组成富鑫酒业集团的董事会。单打独斗的时代过去了，我希望，富鑫酒业不只限于我们五姐妹，未来，也许我们会有我们的销售团队、管理团队、酒文化传播团队、旅行社、餐饮业、酒道博物馆……醉金花只是一个平台，我们要展示的，是文化，是全中国乃至全世界唯一的‘酱香酒’文化，乃至黔文化，中国文化。”

当问及对富鑫酒业的未来是否有信心时，周菲的回答是：“必须有信心！”

周菲并没有说大话的习惯，事实上，她正在让自己的想法一步步付诸于行动，别忘了，她是一个最富有行动力的白羊座女子。富鑫酒业的未来究竟会如何？也许现在还很难定论，但是周菲和她的姐妹们，这五个女子，正是传承了某种女性独有的“坚韧”，才能在最艰辛、最危难的时候，以及长时间背负重压之下前行至今。

说到这里，周菲忽然提起酿造白酒中的一个细节，她说：“过去做白酒，踩曲的活都是女人干的，有‘女人踩曲男人酤’的传统。大多数人都有一种曲解，以为让女人去踩曲，是因为踩曲的活儿相对劳动强度弱一些。事实上不是的，踩曲的活其实是非常非常劳累的，每一块曲都要踩 80 到 100 脚，要所有的酒曲都均匀融合才可以。可别小看了这 80 到 100 脚，一个酿酒作坊，每一季开始做酒，都有大量的酒曲要踩，踩曲，其实是一种长时间重复劳动的过程，需要的是耐力和韧性。男人有爆发力，但缺少忍耐心，所以，让女人来做踩曲的工作，就是因为女人更有韧性。”

说到这里，周菲莞尔一笑，这笑里的意思，已经完全明了。富鑫酒业绝不是为了眼前的利益而存在，白酒业不是一次百米短跑，也不是一门如烟花爆竹般响彻照亮夜空后又在瞬间湮灭的事业，中国自古以来的酒文化印证了酒业的传播性与传承性以及历史意义，所以，周菲要做的，就是以她们姐妹的韧性做桨，划起富鑫酒业这条理想的船，在白酒业的海洋里，奋力航行！

花开盛时

为着一份理想，周菲五姐妹兢兢业业地工作着，她们几乎把厂区当成了家。其实她们的家，都在贵阳市区，而乌当区火石坡离贵阳市里还有20公里路，为了工作，她们在办公楼里开辟了几个可以睡觉的房间，如果工作晚了，干脆就住在厂里。

倘若有一天，正好来了外地客户，五姐妹便会邀请客人吃贵阳最著名的酸汤鱼，当然，还要请客人喝她们自己酒厂生产的酱香白酒，也许是怀源“二十年窖藏”，也许是“一号酱香”。酱香白酒配酸汤鱼，那是天下绝佳。

第一次品尝到此等美酒佳肴的客人，一定会在赞不绝口的同时，感到五朵金花酿造的白酒，确是有着奇异的与众不同的特点。不知是由于祖上传下来的有关益母草的独特酿制配方，还是这白酒因输入了五姐妹的酿制理念，总之，同样是白酒，五朵金花的酒，自然而然地会流淌出一丝女性独特的温润柔美的口感。

是的，因了这五朵金花，有着沉重历史感的白酒，性情刚烈浓煞的白酒，竟变得温暖柔和起来。正是五姐妹赋予了她们的白酒某种无法替代的女性魅力，白酒，已远非我们原来所理解的白酒，你会发现，原来白酒不仅可以醉人，它还可以如此妖娆、迤逦以及迷人。品尝过的客人，无一例外地会对五朵金花的酱香白酒拥有全新的认识。

酒到酣处，总会有哪一个妹妹提议："请大姐唱歌，大姐唱歌可好听呢。"客人们当然是热烈欢迎。

周菲爽快地站起来，启口，歌声随之飘逸而出："雁南飞，雁南飞，雁叫声声心欲碎，不等今日去，已盼春来归……"周菲的嗓音甜美脆亮，最拿手的就是单秀荣的这首经典民歌。一曲唱完，客户们掌声如雷："周董居然唱歌都这么好听，真是意想不到。"客户们还在意犹未尽中，又有姐妹说："三姐唱歌更好听呢。"于是，大家又哄闹着三姐来一首。

周娴就这么坐在自己的椅子上，一抬头，一张口，歌声如潮涌般喷薄而出："小时候妈妈对我讲，大海就是我故乡，海边出生，海里成长，大海啊大海，是我生长的地方……”客人们简直惊呆了，都说：“这个周三姐，歌声赛过刘三姐。”有客人问：“你们姐妹酒做得好，人长得漂亮，歌也唱得好，这是为什么啊？”

周菲笑着说：“喝了‘醉金花’，歌美人更靓！”

掌声，欢笑声，顿时响彻整个餐厅。

入夜，姐妹们送走客人，似乎，还有很多话没说完。于是，五人聚集到大姐家中，一天繁忙的工作终于结束，可是她们还要探讨和沟通一下彼此的工作，当然，也会聊一聊工作之余属于女人的话题，关于孩子，关于家庭，关于她们的父母。聊着聊着，她们总会情不自禁地说起小时候的往事。

是的，任何时候，任何人，只要在姐妹们面前提起她们的童年往事，回忆的匣子就会被打开，那些鲜活如发生在昨日的故事，就会连蹦带跳地跑出来。

二姐周彬说：“小时候，三妹和四妹最叛逆，我和五妹比较乖，大姐比我们大，吃苦也最多。家里要是包饺子，我和大姐负责干活，吃饺子的时候，她们三个分工，五妹爱喝面汤，三妹爱吃饺子皮，四妹吃馅儿……”

三姐周娴说：“爸爸要是不在家，我们可以玩得又疯又闹，上蹿下跳。要是听见哪一个说‘爸爸回来了’，顿时都吓成了小老鼠，大气不敢出。不过，饭还是爸爸做得好吃，妈妈会给我们做衣服……”

大姐周菲说：“我们小时候住的房子，屋里没有卫生间，上厕所要到很远的公共厕所。爸爸规定我们，天黑前必须上完厕所，天黑以后就不许迈出家门一步了。那时候，我们晚上想上厕所也只能憋着……我10岁那一年，隔壁人家着火，那时候我们住的是联排的木板房，一家着火，一排就全着了。我吓傻了，站在屋门口看着我们家夷为平地，什么都没抢出来……”

五妹周肖瑶说：“大姐小时候还被爸爸捆起来打过。大姐吃苦最多了，我们五个一起犯的错，总是大姐首当其冲被爸爸修理，她最大，挨打就最多。二姐、三姐，也都很不容易，我和四姐就好多了。”

四妹周颖说：“爸爸有时候会出差，我算好他出差的时间，他前脚离开家，我后脚就跟着出家门，和同学约好了去玩，去旅游。我牢牢地记住爸爸回来的日子，在他到家之前，我一定会先踏进家门，我能做到不让爸爸发现我在外面玩了好多天。”

大姐周菲笑着说："四妹的性格像男孩，长得也最像爸爸，所以爸爸比较疼她。其实她出去玩，怎么可能每一次都躲过爸爸的眼睛？也许爸爸早就发现了，只不过睁一只眼闭一只眼罢了。小妹因为身体弱，还比较乖，爸爸也就对她温和一些。"

……

五姐妹你一言我一语，回忆着年少轻狂的往事，说着说着，一个个都红了眼圈，掉起了眼泪。所有的往昔故事，都与她们的父亲紧密相关，只要谈论起过去，她们便无可逃避地想起她们的父亲，那个看似严厉无比，实质是把对女儿的爱深深埋藏在心底的男人。这个刚强严厉的父亲，这个拥有五个女儿的父亲，在 2013 年，因一次意外的医疗事故去世。

在五姐妹的口中，父亲对她们严厉到近乎苛刻的管教，如今都成了温馨甜美到一想起就心生伤痛的回忆。父爱是人世间最深沉、最伟大的爱，也许正是父亲在她们童年和青少年时代的严厉教育，使她们姐妹拥有了勤劳善良、吃苦耐劳、勇于承担责任、敢于探索追求的个性和精神，她们身上有着普通女性很少拥有的魄力和胆识、勇气和毅力，也许，这些品质，就是父亲赠送给她们的最好的财富。

家中唯一的男人走了，对于这个家庭来说，无疑是少了独一无二的主心骨。父亲走得太匆忙，没有给女儿们一丁点儿准备，连一句遗言都没有给她们留下，这是女儿们最大的遗憾和心痛。倘若时光可以倒流，即便再听父亲对着她们发出严厉的呵斥与责骂，她们也会觉得，那是父亲疼爱她们、叮嘱她们的箴言。

其实，这个一辈子都想要一个儿子的男人，并没有任何遗憾，他的五个女儿获得的成功，是很多男人都无法企及的。同样，让女儿们觉得宽慰的是，父亲的晚年，早已多次流露出对女儿们的赞赏，他在老伴儿面前提过很多次："还是养女儿好！"

父亲不是一个多话的男人，就这么一句，在女儿们听来，就是对她们最大的肯定和褒奖。富鑫酒业新厂区建造的时候，父亲拿出自己所有的积蓄交给周菲，说："我就这点老底，给你们，能帮上一丁点儿忙也是好的……"这是父亲对自己的五个女儿的信任，亦是他对女儿全心的支持与付出，虽然微薄，却是他的所有，全部。是啊！对于父亲来说，五个女儿，难道不是他此生最应该引以为豪的财富吗？同样，女儿们也是打心眼里希望，父亲没有儿子的遗憾，可以由她们五个女儿来弥补，她们更希望，天堂里的父亲，真的会为自己生养了这五个有出息的女儿感到骄傲和幸福！

英国诗人威廉·布莱克有诗曰："一沙一世界，一花一天堂。无限掌中置，刹那成永恒。"

此诗的意思可以这么理解：世界的一切原本由细节构成，如果一切归于有序，决定成败的必将是微若砂砾的细节。一花而见春，一叶而知秋，窥一斑而见全豹，观滴水可知沧海。寻常细微之物，常是大千世界的缩影，无限往往珍藏于有限之中，懂得见微知著的人才能真正打开这个世界的门。一朵野花虽然渺小，但是对于蜂蝶来说却是一个天堂。一件很小的东西里也可能隐藏着很深的道理，一件很平凡的事情里也可能隐藏着大智慧。生活中再平凡不过的点滴，只要静下心来细细品味，都会发现其所蕴含的独特的美。珍惜点滴，把握细节，生命便能如花绽放。

周家五姐妹的出现，恰如诗中所说，一沙一世界，一花一天堂。倘或单独看她们中的每一个，也许都还显得平凡而淡然，但是，每一朵平凡的花儿，都是一个美好的天堂，每一次静静地开放，都是一次美好的无限延续。

30 年在弹指一挥间过去了，富鑫酒业，在 30 年的风风雨雨中始终坚强挺立着，是周家五姐妹共同创造了这部属于她们的白酒界传奇故事。她们五个人的身上，最为显著而可贵的共同点，便是孝顺、真诚、善良、积极，以及非拜金主义，非利己主义，甚而，五人都有着或多或少的浪漫情怀。她们不以“醉金花”的成功为终极目标，她们觉得，一切物质的成果，只是为成就精神梦想而提供的保障。所以，她们，每个人都还保留着自己的梦想，那个梦想，也许还静静地在她们的内心蛰伏着，也许已经在某一日惊蛰而动。未来的某一天，当梦想实现时，也许她们会开一瓶“怀源老窖”，一起举杯，干一盅“醉金花”，然后用她们如花的笑靥，来庆祝彼此的成熟和成功。

连续剧《醉金花》还没有结束，这不是一部虚构剧，这个真实的故事每天都有新的剧集不断地在播出，片尾曲每一次响起的时分，都是五朵金花的故事新篇章的延续。在这个真实的故事中，富鑫酒业集团正在不断地前行，五朵金花伴随着她们的事业，也在不断地前行，一切还刚刚开始，更长远、更美好的梦想，还在前方等待着她们……

注：文中人名，除周家五姐妹及其家属以外，均为化名。

附：贵州富鑫酒业有限公司名片

贵州富鑫酒业有限公司（贵州怀源酒厂），组建于 1982 年，是一家专业从事酱香酒开发、生产、销售为一体的综合型酒类专营企业，公司总部位于贵阳市乌当区火石坡食品工业园，主要从事酒品包装及销售。酿造基地位于酒都茅台镇，与国酒茅台共享得天独厚的自然条件，专业生产酱香型白酒。经过 30 余年的快速成长，公司已发展成为占地面积近百亩，常规包装线 4 条，目前国内最先进的全自动流水包装线 1 条，酱香基酒生产车间 5 个，员工 200 余人，年生产能力 5000 吨，固定资产达到 2 个亿的新型白酒企业。

公司一贯高度重视质量，坚持走质量效益型道路，为把握产品质量，除购买了先进的检测设备外，并由一批长期从事酿酒生产的专业技术人才严把质量关，使产品质量得到有效保障，公司产品在市场上有着较好的销售势头。

公司的技术合作单位：贵州大学酿酒与食品工程学院、四川省酒类科研所。

公司主导品牌有“怀源酒系列、福满樽系列、美好生活系列、百家福酒系列”，其中“百家福酒系列”为贵州盐业集团专销产品。“怀源酒”为公司重点打造品牌，并在 1987 年就获得省优部优奖，目前已在市场上初具影响力。公司以争做“贵州白酒十强企业”为发展目标，以“振兴黔酒、心怀感恩、回报社会”为企业使命，正着力组织运作规范、网络健全的销售体系，并设立了功能齐备的研发生产队伍，不断提高品牌知名度和美誉度，提高品牌形象，努力打造成为一流的白酒酿造企业，与广大客户共创辉煌。

白日放歌 暗香盈袖

——《醉金花》读后杂感

本书说的是贵州仁怀茅台镇酿酒行业中以周菲为首的同胞五姐妹艰苦创业的传奇故事。披阅这篇纪实性很强的文学作品，你会感受到它的文字很美，行文很流畅，故事也很精彩。“金花”的原意是白族同胞对年轻未婚女子的称呼，白族人称青少年男子为“阿鹏哥”，称养在深闺的女子为“金花”。近年来全国人口大流动，称呼也在互相借鉴，“金花”走俏，例如竞技场上的女子运动员，媒体上就称之为“中国金花”，如今“金花”这个词已经成为各行各业不平凡女性的代名词。“金花”之前缀以“醉”字，用得很传神，此处的“醉”主要不是动词，而是“金花”的修饰语，不仅指代周菲五姐妹的处世不寻常，更有她们从事酿酒业的特质，一个“醉”字，更带有一种灵动的气质。所以，我先为本书书名点个赞。

说句实话，这年头颇为时兴“女汉子”一说，那些“跷着二郎腿抖脚”、“昂着头往嘴里倒薯片”的女子，豪气冲天地称自己是女汉子。说实话，我最受不了“装”和“作”的女人，所以，一开始很担心本书的作者将周菲写成“女强人”、“女汉子”一类，那就不是写周菲与她的妹妹们了，所幸作者笔触细腻、文字优美，为我们描写了一个真实的周菲。

因为我认识周菲。2013 年 9 月，我应邀出席贵州酒博会，曾经见到过这传奇的五姐妹，特别是书中着意笔墨的大姐周菲，并且在一起喝过酒。这个贵州女子，身形娇小，皮肤白皙，温文尔雅，站在那儿绝对是“软妹子”一枚，但她不做作、不虚荣，直爽又率真。我做过新闻记者，几十年来也算是阅人无数，对于开创事业、经营产业的人，无论男女，我总是能体会到他们艰辛的历程和沉稳的品质。酿酒行业原本是属于男人经营的事业，它要吃苦、遭罪、受磨难，周菲带领她的妹妹团队，要承受多大的压力、风险和危难是可以想见的，这个过程绝非“花瓶外表爷们心”的所谓“女汉子”发发狠话就能完成的。周菲具有一种坚毅、韧性和顽强的品质，又有贤淑、通达、以柔克刚的智慧，而这也正是五千年来中国妇女积淀的优秀品质的集中体现。一个真正的创业高手，不可能只靠表面的胆大东冲西闯，也不可能靠在学院的课堂说教来创业。他（她）必须在市场经济的大潮中摸爬滚打，在风雨的吹打下成长。周菲和她的妹妹们，这五个贵州“金花”正是在艰难中成长起来的，她们的魅力与感人之处正在于此。对此，本书的作者已有较多的描写与评说，恕我不再赘言。

本书作者细描了“醉金花”五姐妹与“茅台型酱香酒”这一独一无二的酿造技艺的传承与开拓，也是一个颇为出彩的看点。现在“满城都在说非遗”，恐怕快将这一“美词”说烂了。在社会大转型的进程中，以中国酿酒行业现状而言，真可谓泥沙俱下、鱼龙混杂。周菲姐妹们用自己的力量，默默地发展自己的事业，她们没有豪言壮语，没有宏大的政治抱负，但她们用自己新鲜开阔的视野，保持与贵州酒乡酒镇民众的血脉联系，将目光聚焦于酱香型白酒——这种传承千年的酿酒风俗，她们生产的酱香型白酒，其生产周期，甚至需要五年以上，完整的生产过程，“端午踩曲”、“重阳下沙”、“九次蒸煮”、“七次取酒”、“盘勾封坛”、“勾兑调味”、“装灌入市”，从细微与繁琐的工艺环节中，老老实实地将先人留下的酱香型白酒生产技艺进行完整的保护与实践。本书的作者说得好：“茅台镇上出产的白酒，无一例外都是酱香型白酒。我们的‘醉金花’，又是酱香型白酒的后起之秀，如今，它已经是酱香酒中绽放得极为美丽的一棵花树。”可别小看了“醉金花”所栽种的这棵“小花树”，若干年后，可能会汇聚成强大的品牌力量，推动古老的酿酒业的推陈出新。我以为，在社会发展进程中，断不可忽视民间普通百姓的生活与经验，它们甚至可以在若干年后升华到民族的记忆乃至国民性当中去。历史上，在中国漫长的专制历史中，《国风》歌谣背后的“小叙事”渐渐演变成为经学家们关注的“大叙事”，并深刻影响了我们民族的“历史叙事”。“醉金花”这棵“小花树”如今虽然还稚嫩，但它会在风雨中成长，或许只是一种最渺小且零成本的国家资源，可三五年乃至七八年后，我们不难发现，原来，酿酒业中的“小花树”本身，已是一种兼具记录历史、传递某种复杂微妙民情民心等多种功用的津梁，并因此显出珍贵，乃至稀罕。所以，对于“醉金花”五姐妹所从事的事业，我尤为推崇。

对“酿酒家世”溯本求源的考证，也成为本书的一个特色。我长期学习中国民俗学，按照民俗学的认知，“一方水土养一方人”，同样的道理，酿酒业中，每一种酒都有它独特的韵味，说“韵味”也许过于笼统，具体说，至少包含了两个至关重要的“要素”：其一，酿酒地的物质形态要素。例如贵州仁怀市茅台镇的地形地貌、空间形体、交通脉络等具有平面或立体维度的实体内容，诸如水质、气温、湿度等自然条件造就了某种特殊的综合环境以及山河脉络、街巷肌理、古街楼面与历史建筑群。其二，更重要的是贵州仁怀市茅台镇的非物质形态要素，它们表现为社会文化等隐性内容，是物质要素形成发展的历史背景。每一个酒坊、酒窖都有难以尽述的故事。尽管昔日的繁华早已化为一缕青烟，但酒坊、酒窖里的静默尘埃，屋檐下清晰可见的白菜、蝙蝠之类的图案和它们的寓意，透露出当地的民众对祖祖辈辈酿酒技艺的传承和对儒家文化的推崇。几千年的开枝散叶，古村落文化长期积淀而成的独特品质，无不见证着贵州酱香型白酒一次次的蜕变和物质空间的生产与更新。

本书的描述与记录，既有对远古时赤水河畔“濮人酿酒”的呼唤，也有汉时生产“枸酱酒”的勾连。汉唐盛世，“枸酱酒”成为帝王家美酒的记载，及至江西人朱齐德认干亲的故事……就像美丽的珍珠，构成了“醉金花”开发酿造酱香型白酒的历史文脉。千万不要小看了这些传说与故事，它们是文化记忆，也是重要的精神资源。这些传说与故事，它们所凝聚起来的酿酒文化精神，就是“醉金花”五姐妹开创新的酱香型酒品所拥有的各种物质要素的“核”和无形的“保护膜”。它说明挖掘和保护历史文化基因，不仅需要代代相传，还需要引导酿造技艺的传人具有创新的洞见与开发的魄力。保护古老酿造技艺的文化历史景观，既是对酿酒业历史文脉的传承，又是对酿酒业文化记忆的保留。

以上乃是本人对本书的几点感想。最后说说本人对酒的一些浅薄认知。我从年轻时在西北服兵役开始，走南闯北，“西北风”、“东南风”教会了我饮酒，每有饭局非中国白酒不饮，养成了一辈子对中国白酒的喜好，虽然酒量不大，但饮起酒来，还是很开心的。步入花甲之年，遵循“量力而饮，节制有度”的法则。我以为白酒是粮食精华，至今虽然没有古人“起舞弄清影，何似在人间”的感受，也没有“醉里挑灯看剑，梦回吹角连营”的气魄，但“对酒当歌，人生几何”的性情还是有的。我相信，酒是人与人、人与神之间的媒介物，特别是蒸馏白酒在中国民俗中占有特殊的地位，可以说酒与人类的各种习俗共生存。中国人饮酒的说法也是世界上最多的，如“薄酌”、“萌酌”、“樽酌”、“小酌”、“革酌”、“菲酌”、“粗觞”、“豆觞”等。祭祀是人类久远的习俗，而酒是祭祀不可或缺的祭品，如若无酒，便把水称为玄酒，也得供上祭坛。前些时日，读书读到民国时期的文史学家吴其昌先生对酒的论述，吴先生生平著述颇丰，治学范围广博，于民俗、训诂、音韵、校勘、农田制度等都有研究。1937 年吴先生对酒提出一个新颖见解。他认为在远古时代，人类的主食原本是肉类，他们开发农业乃是为了酿酒。他认为中国人的祖先种稻黍的目的是酿酒而不是作主食米饭，农耕是从酿酒业中带出来的。这一观点可能不被多数人接受，但它可说明酒在中国人生活习俗中的独特作用。

唐代诗人杜工部在他不朽的诗作《闻官军收河南河北》中云："白日放歌须纵酒，青春作伴好还乡。"宋代杰出的女词人李清照《醉花阴》道："东篱把酒黄昏后，有暗香盈袖。"我将两人诗词集句"白日放歌·暗香盈袖"作为本文的标题，是想说明"醉金花"从事的酿酒业是一个"放歌"古今、"暗香"无尽的事业，"暗香盈袖"自然也暗含了女子在白酒行业建功立业的情景。"新松恨不高千尺，恶竹应须斩万竿"，祝愿"小花树"成长为枝繁叶茂的参天大树，祝愿"醉金花"的酿酒事业功德圆满，前程不可限量。

2015 年 4 月 26 日于沪上五角场凝风轩

图书在版编目（CIP）数据

醉金花 / 薛舒著. -- 上海：文汇出版社, 2015.7

ISBN 978-7-5496-1517-9

Ⅰ.①醉… Ⅱ.①薛… Ⅲ.①纪实文学-中国-当代
Ⅳ.①I247.5

中国版本图书馆CIP数据核字(2015)第145382号

出 品 人 / 桂国强
策　　划 / 张治中　陈先法
书名题字 / 姜　昆

醉金花

作　　者 / 薛　舒

责任编辑 / 熊　勇　鲍广丽
装帧设计 / 张　晋
出版发行 / 文汇出版社
上海市威海路755号
（邮政编码200041）
经　　销 / 全国新华书店
印刷装订 / 江苏省启东市人民印刷有限公司
版　　次 / 2015年8月第1版
印　　次 / 2015年8月第1次印刷
开　　本 / 787×960　1/32
字　　数 / 80千字
印　　张 / 4.875
印　　数 / 1-22000

ISBN 978-7-5496-1517-9
定　　价 / 18.00元